【现代乡村社会治理系列】

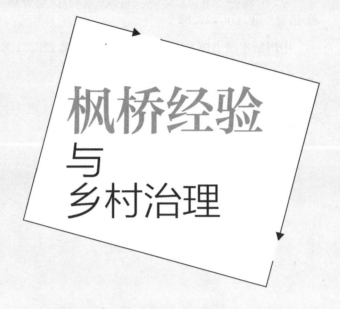

枫桥经验
与
乡村治理

主　编　吴文革

副主编　曹　娜　张　静　朱红艳

时代出版传媒股份有限公司
安徽科学技术出版社

图书在版编目(CIP)数据

枫桥经验与乡村治理 / 吴文革主编. --合肥:安徽科学技术出版社,2023.12

助力乡村振兴出版计划. 现代乡村社会治理系列

ISBN 978-7-5337-8622-9

Ⅰ.①枫… Ⅱ.①吴… Ⅲ.①农村-社会管理-经验-诸暨 Ⅳ.①C912.82

中国版本图书馆 CIP 数据核字(2022)第 222331 号

枫桥经验与乡村治理   主编 吴文革

出 版 人:王筱文   选题策划:丁凌云   蒋贤骏   余登兵   责任编辑:张楚武
责任校对:程 苗   责任印制:梁东兵   装帧设计:武 迪
出版发行:安徽科学技术出版社   http://www.ahstp.net
(合肥市政务文化新区翡翠路 1118 号出版传媒广场,邮编:230071)
电话:(0551)63533330
印   制:合肥华云印务有限责任公司   电话:(0551)63418899
(如发现印装质量问题,影响阅读,请与印刷厂商联系调换)

开本:720×1010 1/16   印张:7.25   字数:100 千
版次:2023 年 12 月第 1 版   印次:2023 年 12 月第 1 次印刷

ISBN 978-7-5337-8622-9   定价:30.00 元

出版说明

"助力乡村振兴出版计划"(以下简称"本计划")以习近平新时代中国特色社会主义思想为指导,是在全国脱贫攻坚目标任务完成并向全面推进乡村振兴转进的重要历史时刻,由中共安徽省委宣传部主持实施的一项重点出版项目。

本计划以服务乡村振兴事业为出版定位,围绕乡村产业振兴、人才振兴、文化振兴、生态振兴和组织振兴展开,由"现代种植业实用技术""现代养殖业实用技术""新型农民职业技能提升""现代农业科技与管理""现代乡村社会治理"五个子系列组成,主要内容涵盖特色养殖业和疾病防控技术、特色种植业及病虫害绿色防控技术、集体经济发展、休闲农业和乡村旅游融合发展、新型农业经营主体培育、农村环境生态化治理、农村基层党建等。选题组织力求满足乡村振兴实务需求,编写内容努力做到通俗易懂。

本计划的呈现形式是以图书为主的融媒体出版物。图书的主要读者对象是新型农民、县乡村基层干部、"三农"工作者。为扩大传播面、提高传播效率,与图书出版同步,配套制作了部分精品音视频,在每册图书封底放置二维码,供扫码使用,以适应广大农民朋友的移动阅读需求。

本计划的编写和出版,代表了当前农业科研成果转化和普及的新进展,凝聚了乡村社会治理研究者和实务者的集体智慧,在此谨向有关单位和个人致以衷心的感谢!

虽然我们始终秉持高水平策划、高质量编写的精品出版理念,但因水平所限仍会有诸多不足和错漏之处,敬请广大读者提出宝贵意见和建议,以便修订再版时改正。

本册编写说明

　　《枫桥经验与乡村治理》的出版凝聚着很多人的心血,从计划、选题、立项、撰写、调研、修改、编辑、出版的每一个环节都得到相关人员的帮助,才让我们的研究成果得以出版。首先要感谢的是由安徽省委宣传部谋划设计、安徽出版集团承担的重大出版项目——"助力乡村振兴出版计划",正因为这一计划的资助,方能让我们的研究成果为助力乡村振兴尽到绵薄之力。

　　其次,要感谢安徽农业大学(以下简称"我校")新农村发展研究院给我们提供了一个研究成果展示的机会。记得在2021年7月底,我校中层领导人员综合能力提升研修班(第二期)在湖南大学开班,在学习期间,时任新农村发展研究院常务副院长王华君研究员委托我承担一本"助力乡村振兴出版计划"的研究撰写任务,我欣然接受了这项任务。巧合的是我给我的3个研究生指导的研究方向均与乡村振兴高度契合,为本书的成功选题、立项提供了契机。之所以选题为"枫桥经验与乡村治理",是因为我们有一定的前期学术研究的基础。

　　再次,要感谢我的3个研究生为本书的出版付出的努力。本书的题目、逻辑体系由我来谋篇布局,具体撰写任务由我的3个研究生承担。具体分工如下:张静负责第一章、第四章;曹娜负责第二章、第六章;朱红艳负责第三章、第五章。从章节任务的分工落实,到最后的定稿成书,历经10余次精心打磨;从逻辑体系、政策把握、学术规范,到章节序号、错别字、标点符号,均经过反复的核实、缜密的斟酌。其间,现代乡村社会治理系列总主编马传喜教授,副总主编王华君研究员、孙超教授对本书提出了宝贵的修改意见。

　　由于编者水平所限,加之时间仓促,书中不尽如人意之处在所难免,恳切希望广大读者和同行不吝指正。

目　录

第一章 序篇

▶ 第一节 "枫桥经验"的理论阐述

一 枫桥经验的概念

"枫桥经验"在不同时期的发展有着不同的内涵,不同专业和学科针对"枫桥经验"的内涵也有着不同的见解。马永定认为"枫桥经验"是化解矛盾的经验,现阶段主要是化解"五位一体"建设过程中产生的矛盾。尹广华认为,"枫桥经验"有狭义和广义之分,狭义的"枫桥经验"是指枫桥镇创造出来的典型经验。广义的是指全国各地按照狭义的"枫桥经验"的精髓实际创造出来的所有经验的总称,可将其概括为以和谐稳定为目标,以社会治安综合治理为手段,以群众广泛参与为特征的社会治理、化解矛盾、维护稳定的经验。张景华认为"枫桥经验"是国家法治在基层社会治理过程中的具体实践。卢芳霞认为"枫桥经验"是具有浙江特色的社会管理模式。

目前关于"枫桥经验"概念的界定思路主要有三种。一是"原理主义"式,这种观点强调"枫桥经验"最初得到毛泽东同志批示时所展现的本源内涵,对"枫桥经验"做文献的字面保守解释。例如,"枫桥经验"应紧扣"小事不出村、大事不出镇、矛盾不上交、就地化解"的"预防和化解

矛盾"的本源内涵,定义为在党的领导下,依靠和发动群众,预防化解矛盾纠纷,维护社会稳定的经验。二是发展性思路,主张宽泛地解释或认识"枫桥经验",应基于"枫桥经验"在不同时期的发展内涵,对"枫桥经验"进行再定义。不同的学者对"枫桥经验"发展阶段的划分也不尽相同。例如,有人认为"枫桥经验"的发展可分为计划经济和市场经济两个阶段;有人把"枫桥经验"分为改造"四类分子"阶段、社会治安综合治理阶段、社会管理综合治理阶段等。对于"枫桥经验"发展阶段的划分看似不同,但实质性差别不大。齐卫平认为,不论"枫桥经验"经历几个阶段,它始终是围绕着国家治理的主轴进行的价值转换。三是元素拼接的思路,其主张通过对"枫桥经验"蕴含的各种元素的思考和凝练,将诸多元素按照时代发展要求和一定的法理逻辑结合起来。例如,汪世荣曾定义"枫桥经验"为:以预防化解社会矛盾纠纷为切入点,以社会治安综合治理为主要治理技术,以平安创建打造稳定的社会环境为目标,强化党委、政府对村民自治的领导和监督,通过加强党的领导和村级组织建设,以规范基层社会治理,实现社会和谐稳定的一种经验。

总体而言,"枫桥经验"是一套基层社会治理方法。从适用范围和具体内容来看,"枫桥经验"均指向如何具体开展基层社会治理,协调国家与基层社会的关系等方面。基层社会治理是国家治理的基础和最小单位,是党的领导和人民群众参与的结合。《中国共产党章程》第三十条规定,企业、农村、机关、学校、科研院所、街道社区、社会组织、人民解放军连队和其他基层单位,凡是有正式党员三人以上的,都应当成立党的基层组织。所以我国当前的基层主要包括:农村的家庭、村落和乡镇,城市的社区和街道以及参与基层治理活动的各种社会组织、企事业单位等。"枫桥经验"从诞生到发展,从乡村到城市,一直都紧紧围绕着基层各种主体参与的管制、管理和治理活动展开。"枫桥经验"一直以来要解决的

都是基层出现的各种"社会矛盾",在不同时期虽然矛盾类型各不相同,但"枫桥经验"目标指向就是要解决这些基层社会矛盾。把"枫桥经验"定义为"方法",明确"枫桥经验"是方法意义上的经验,避免了将"枫桥经验"作为一般"经验"的词语重复。"基层社会治理方法"这个概念抓住了"枫桥经验"在本体论意义上的内容和性质,也反映了其时代内涵和时代特征。"枫桥经验"在发展的不同时期均展现出各种解决矛盾的具体方法,如诞生之初的"依靠和发动群众,坚持矛盾不上交、就地化解";改革开放之后的"小事不出村,大事不出镇,矛盾不上交、就地化解";新时代的"五个坚持"。这些"枫桥经验"中所蕴含的方法使得社会治理领域多方面互动,社会治理主体多方协作,形成一个良性治理生态圈。

二 "枫桥经验"的应用领域

"枫桥经验"的应用领域非常广泛,主要涉及流动人口服务管理、社区矫正、环境治理、企业治理、网络治理以及社会治理等。这些具体领域的经验也构成了"枫桥经验"的有机组成部分。

流动人口管理领域,茹恒等认为新时期创新流动人口服务管理,要坚持立足基层组织,坚持整合力量资源,坚持就地化解矛盾。2005年,时任浙江省委书记的习近平同志曾就浙江流动人口问题提出过"八有"理念,即"农者有其地、来者有其尊、劳者有其得、工者有其居、孤者有其养、优者有其荣、力者有其乐、外者有其归",对当时浙江省流动人口社会治理理论和实践中的重大问题做出了生动回答,也为流动人口融入式治理提供了行动目标和价值准则。新时代"枫桥经验"在流动人口服务管理领域运用时,主要是以"管理人性化、精细化、智能化、常态化"的管理理念来进行流动人口管理工作。

社区矫正领域,马时明等人认为全面推进社区矫正工作创新实践,

必须坚持发展"枫桥经验"三大基本精神:"矛盾不上交""专群结合""法治方式与群众工作紧密结合"的基本精神。浙江省诸暨市作为全国首批社区矫正试点地区,于2004年起在枫桥镇开展试点,2008年底在全市推行。十几年来,诸暨市紧紧依托"枫桥经验"发源地的优势,大力推进社区矫正工作创新与发展,使其在社会力量参与社区矫正工作的实践中极具特色成效。诸暨市针对社区矫正人员,为使其融入社会和在社会中提供帮助并创造有利条件,推进"三帮三延伸"的工作方法。并且汲取"枫桥经验"紧紧依靠群众的方法思路,诸暨市积极构建"社工+社区服务中心+社会组织"服务管理模式,依托"一米阳光"、红枫志愿者协会、心语社会工作服务中心等公益社会组织,以建立公益基地的方式,搭建服务平台,开展"菜单式"社区服务。

环境治理领域,"绿水青山就是金山银山",加强环境治理是实现"两个一百年"奋斗目标的应有之义,也是解决人民日益增长的美好生活需要和不平衡不充分的发展之间的矛盾的必然要求。"枫桥经验"在环境治理领域抓住协同治理这一关键要素,使在进行环境治理时充分利用政府与其他治理主体之间优势互补、分工合作、协调一致,使治理绩效达到最高水平。首先,诸暨市以环保机构垂直管理改革为契机,厘清属地政府主体责任和相关部门在各自领域的环保责任,着力打通环保履职的"最后一厘米",形成"政府统筹、部门履职、市场激励、企业施治、全面参与"的生态环境治理新格局。其次,诸暨市重点推进以大数据、云计算、移动互联网、物联网等新一代信息技术与环境治理的融合,创新环境治理监测方法,构建"互联网+环境监测"模式,加强预防监督。

企业治理领域,随着时代的发展和社会的进步,"枫桥经验"在实践中不断丰富发展。习近平总书记多次就坚持和发展新时代"枫桥经验"做出重要指示,提出了一系列新理念新思想新战略,为推进基层社会治

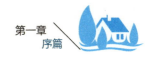

理现代化提供了根本思想。

　　作为"枫桥经验"发源地,诸暨市的浙江富润集团,早在20世纪90年代就将"枫桥经验"引入企业管理,成为"枫桥经验"融入企业治理的典范。2019年,富润控股集团成立了"枫桥经验"与企业治理研究所,把探索新时代"枫桥经验"与企业治理标准作为进一步的研究方向,致力打造"枫桥经验"企业版。"枫桥经验"企业版的起草工作引起了相关政府部门的重视,列入了诸暨市坚持发展"枫桥经验"化解信访矛盾"七大行动"任务分解清单,列为浙江省委督查工作内容。浙江富润董事长赵林中表示:"'枫桥经验'与企业治理规范是现代企业管理的重要基础,是新时代提高企业管理水平,促进企业高质量、可持续发展的重要抓手。将'枫桥经验'与上市公司治理规范融合起来,目的就是要运用'枫桥经验',提高公司治理水平、治理能力,增强抗风险能力,建设永久、本分、和谐的企业。"在企业治理中,浙江富润坚持和发展新时代"枫桥经验",旗帜鲜明抓党建,理直气壮抓党建,坚定不移抓党建,把提高企业效益、增强企业竞争力、实现资产保值增值作为党建工作的出发点和落脚点。

　　网络治理领域,"治网"的经验也称为"网上枫桥经验",具体而言,是以网络上的矛盾纠纷为治理对象,综合运用互联网、大数据、云计算等智能化、信息化手段和方式,通过依靠和发动群众,搭建网络平台,整合信息资源,创新工作载体,实现网上网下无缝对接,矛盾纠纷网上解决、正面力量网上凝聚、消极因素网上消解的基层社会的网络治理经验。"网上枫桥经验"是新时代互联网治理的现实之需,是基层社会治理现代化的重要手段和方式。2018年中央政法委工作会议上,首次明确提出"网上枫桥经验"这一概念。"网上枫桥经验"具有鲜明的时代特色,它同平安建设紧密结合,实现了网络治理手段科学化、网络治理方式智慧化、公共服务模式全新化。浙江省顺应时代潮流,聚焦网络安全管理和矛盾纠纷化

解,以深化"枫桥经验"为载体,积极探索"互联网+"社会治理新领域、新机制、新手段,在普法、问政、舆情、打击预防违法犯罪、金融风险防控、矛盾纠纷化解等重点领域取得了显著成效,为新时代互联网安全服务管理以及网上矛盾纠纷调解提供了典型样板。2016年开始,阿里巴巴集团和官方机构召开过两次会议,提出网络"新枫桥经验"的概念。诸暨市以"大数据+""互联网+"思维传承和发展新时代"枫桥经验",充分利用政务服务网,整合公安、民政、司法行政、安监等部门相关信息资源,创新平台和载体整合信息资源,实行网上网下无缝对接,建立"事前、事中、事后"网络舆情导控体系。

▶ 第二节　乡村治理研究的兴起与发展

学术界关于乡村治理的研究由来已久。20世纪80年代以来,随着村民自治的逐步推行,乡村问题不仅成为国家关注的重要议题,也成为学术界研究的重点。国内学者开始从村民自治制度着手,对村民自治在乡村地区的实践及机制创新进行深入研究。"乡村治理作为一个概念,在20世纪90年代末开始被国内学界使用,不久便流行开来。"1982年,我国修订颁布的《宪法》首次提出了村民自治。1983年,人民公社开始解体。自那时起,我国开始对基层乡村社会进行重组,并开始实施村民自治。在之后的几年时间里,我国进行了许多积极的尝试,碰到了各种各样的问题,直到20世纪80年代末,实施村民自治才逐渐得到社会各界和广大群众的认可。在这样的社会背景下,20世纪90年代初,一批专家学者开始深入基层一线,对乡村实践中村民自治制度的运行机理展开研究。随着研究的逐渐深入,学者们开始发现村民在自治过程中难以总结他们创造

的治理经验。到了20世纪90年代中期,项继权、徐勇等人将村民自治研究延伸到村级治理研究,我国乡村治理研究得到进一步的发展。越来越多的专家学者开始对乡村治理进行多维度、多角度的研究,我国乡村治理理论也变得日益丰富起来,研究视角也从开始的政治学,延展到其他众多学科,如社会学、经济学、人类学、法学等。至此,乡村治理领域变成了一个以问题为导向的研究领域,且具有相对独立、固定的问题意识。30年来,我国乡村治理研究层次丰富多彩,内容百花齐放,研究成果提升了我国社会治理水平。这主要表现在以下几个方面。

　　一是关于乡村治理的发展脉络及历史经验研究。研究主要梳理了中国乡村治理历史,研究了中国乡村治理的历史变迁和模式变迁。党国英从乡镇机构改革和村民自治制度建立两方面阐述我国乡村治理改革历程,并对今后我国乡村治理改革的趋势进行分析判断。吴业苗通过对我国传统社会乡村治理到改革开放后的乡村治理历程进行梳理,研究其权力逻辑。单忠献将新中国成立以来我国乡村治理历程细化为土地改革和农业合作化时期、"政社合一"的人民公社化时期、"乡政村治"开启的改革开放初期、"三农"问题产生的农业税改前期、"促农带乡"的城乡统筹发展期。邱春林则以乡村治理思想为研究视角阐述我国乡村治理的基本历程,进而探讨我国乡村治理现代化的基本经验。还有朱宇的《19世纪中叶至20世纪中叶中国乡村治理结构的历史考察》主要研究了我国在晚清时期到新中国成立之前的乡村治理结构,包括晚清时期以及民国政府的保甲制和日本殖民统治时期的街村制以及在此期间中国共产党的乡村治理措施;甘倩奎在《改革开放三十年中国乡村治理模式变迁回顾与展望》中阐述了改革开放以来我国实行的乡政村治制度存在的困境,他认为目前这一体制主要面临十大挑战,主要有所有制形式多元化、市场化、区域化、城镇化、阶层化、民主化、行政化、权力二元化、宗族

化、管理科学化。

二是关于乡村治理主体研究。在乡村治理的主体研究中,曾芳芳在研究村治理的课题中,重点强调的是基层党组织方面,认为基层党组织对乡村建设有着重要的领导地位。张艳娥从宏观制度性视角将治理主体分为制度性主体与非制度性主体;从微观行为性视角来看,乡村治理主体主要表现为村干部、乡村各种精英和普通村民。徐勇、周国云按照与国家政权的连接程度将治理主体分为国家政权组织、各种形式的民间组织和介于两类组织之间的半官半民组织。朱士华将乡村治理主体分为基层党组织、基层乡政府和村委会、农民、公益性组织和企业。并且合理界定其角色责任,梳理乡村治理主体彼此关系,形成合理的治理主体体系结构。

三是关于乡村治理模式的研究。徐勇在其《县政、乡派、村治:乡村治理的结构性转换》文章中总结的"县政、乡派、村治"模式。该模式认为应当通过财政和权力的转移,强化村级单位的办事能力,增强村级单位的政治地位,从而达到"强村"的目的。沈延生在《自治抑或行政:中国乡治的回顾与展望》一文中提出:"在行政体制与人事制度由上级统一安排的前提下,乡镇工作人员由本地的选民选出,被选出的人员直接享受地方公务员待遇,并随选举而进退。"梁信志在对我国乡村治理这一问题进行研究的过程中,通过对河南省的部分农村进行考察分析,对新中国成立之后的乡村治理发展历史进行了清楚的阐释,同时对当时我国农村的"乡村治理"模式中存在的优势与缺点进行了研究,总结得出现有的治理模式已经跟不上现今我国乡村的发展脚步的结论。他将村、组、农户视作是相互影响的一个整体,从而提出了一个新的乡村治理体系"村政组治",并对其进行了细致的讲解。李博等人详细调研了汉阴县的"321"乡村治理模式后,认为该县所推行的治理模式是实现乡村治理现代化的重

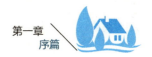

要举措,也是实现乡村"善治"的重要途径,为当前乡村治理提供了有效的借鉴。

第三节　改革开放以来中国特色乡村治理体系的发展

党的十一届三中全会决定,鉴于中央在二中全会以来的工作进展顺利,全党工作的着重点应该转移到社会主义现代化建设上来。由此,中国社会进入了改革开放新时期。1979年,安徽省凤阳县小岗村的18户农民开始了包产到户的实践,拉开了中国农村经营制度改革的序幕。

一　改革探索时期的乡村治理

1978年,党的十一届三中全会胜利召开,做出了在我国实行改革开放的重要决定。随后,乡村开始经济体制改革。党的十四大后,社会主义市场经济体制逐渐建立,社会主义改革进入快速发展的时期。改革探索时期的乡村治理目标有两个:一是纠正人民公社时期乡村治理不合理的制度体制。二是尝试在乡村进行改革创新,重构生产关系,重建制度体制,给予农民一定的自由空间,重现乡村活力。

这一时期,乡村治理主要从以下几个方面展开:一是废除在我国实行多年的人民公社制度,实行政社分开,建立乡政府。同时按乡建立乡党委,并根据生产的需要和群众的意愿逐步建立经济组织。国家通过修订宪法,将乡、镇列为我国农村最基层的行政区域,重新恢复了乡镇政府,恢复了乡镇政权建制,顺利地实现了政社分离。二是确立了村民自治制度。"村民委员会是基层群众性自治组织"在1982年的《宪法》中确

定。《中华人民共和国村民委员会组织法》（以下简称《村民委员会组织法》）明确指出："村民委员会是村民自我管理、自我教育、自我服务的基层群众性自治组织，办理本村的公共事务和公益事业，调解民间纠纷，协助维护社会治安，向人民政府反映村民的意见、要求和提出建议。"三是确立了家庭联产承包责任制。这一制度克服了"长期存在的生产上的瞎指挥和分配平均主义，把小规模的分户经营与专业化、社会化生产结合起来"，提高了农业生产力水平。四是重视科技兴农，培养了一大批农村技术骨干，对农民进行科技培训，将科学技术和乡村人才作为乡村发展的重要因素看待，对乡村发展及治理的认识逐步走上正轨。

二）新农村建设时期的乡村治理

"乡政村治"的治理格局运行了较长的时间，取得成效的同时，也产生了新问题。龚梦在《中国共产党乡村治理的百年演进及基本经验》文章中提出在二元经济结构下，虽然城镇发展势头良好，但乡村却呈现逐渐衰落的趋势，一定程度上阻碍了国家的现代化进程。因此，党提出了建设社会主义新农村的构想。这一时期的乡村治理主要从以下几个方面展开：一是取消农业税以减轻农民负担。通过农村税费改革试点，我国于2006年正式废除了农业税，减少了农民负担，极大地缓解了乡村干群关系。二是不断加大乡村基础设施建设投入，加强农民最急需的生活基础设施建设。国家对乡村的经济投入持续增加，荒废了多年的设施得以修葺，破旧不堪的设施得以重建，尤其是"村村通"工程修建了连接各自然村的水泥路，打破了乡村经济发展的交通瓶颈，解决了乡村群众的出行难题，为农产品走出乡村、农民增收增加了可能性。三是加强乡村土地管理，鼓励农民开展土地流转，按照"依法、自愿、有偿的原则进行土地承包经营权流转，逐步发展规模经营"。这一方式规避了小农经济的

弊端,鼓励土地闲置的农民将土地经营权流转给专业大户、合作社或者家庭农场等,提高了土地利用效率,促进了土地适度规模经营和农民增收。四是开展大规模的扶贫工作。党和政府制订了扶贫计划,在经济相对落后的中西部地区划分了约14.8万个贫困村,制定了配套的措施跟进针对贫困村和贫困户的扶贫工作。五是重视乡村思想道德建设,在乡村开展了社会主义核心价值观教育,将乡村的传统美德、村民公约、家风等与社会主义核心价值观一起融入乡村的思想道德教育中,提升了村民积极向上的精气神。通过新农村建设,农村进入了快速发展期。但是,城乡差距仍然较大,乡村的"空心化"使得村民自治效率降低,这一时期的乡村治理目标只有部分得以实现。

(三) 新时代乡村振兴战略背景下的乡村治理

乡村作为国家的基层治理单元,加强其治理的系统性和针对性,不仅关乎国家基础治理目标的实现,也关乎政权的稳固和党的长期执政能力的实现。党的十八大提出了全面建成小康社会的目标。面对乡村出现的新问题,党的十九大提出了"乡村振兴"战略,这一战略是为实现城乡的良性互动、协调发展而提出的,是解决乡村社会主要矛盾、实现社会主义现代化强国的重要决策。

乡村振兴的总要求是"产业兴旺、生态宜居、乡风文明、治理有效、生活富裕"。新时代乡村治理的目标是实现乡村的全面振兴,健全城乡融合发展机制,为实现社会主义现代化强国奋斗。十九大以来,党和国家拟定了乡村振兴的战略安排及阶段性目标。其中,"到2020年,乡村振兴取得重要进展,制度框架和政策体系基本形成;到2035年,乡村振兴取得决定性进展,农业农村现代化基本实现;到2050年,乡村全面振兴,农业强、农村美、农民富全面实现"。2020年,现行标准下近1亿农村贫困人口

全部脱贫,832个贫困县全部摘帽,12.8万个贫困村全部出列,脱贫攻坚战取得决定性胜利,为乡村振兴的实现开创了一个良好的开端。乡村振兴背景下的乡村治理主要从以下方面展开:一是促进乡村产业振兴。乡村治理的多元主体如党、政府、村民委员会、社会团体或组织等要利用乡村的优质资源因地制宜地发展乡村特色产业,坚持一、二、三产业融合发展,让乡村产业提供更多的就业岗位,带动农民收入持续提高。二是促进乡村人才振兴。乡村治理的多元主体要吸纳及培养优秀人才资源,为乡村人才搭建施展才能的平台,吸引本土或外来人才扎根农村,提供配套的公共服务,建立可持续的乡村人才发展规划。三是促进乡村文化振兴。要重视乡风文明建设,将社会主义核心价值观融入乡村教育体系,组织乡村举办喜闻乐见的文化活动,丰富农民的文化生活。四是促进乡村生态振兴。乡村治理主体要树立人与自然和谐共处、和谐共生的新理念,重视乡村的环境问题,健全环境整治制度,让乡村的生态不仅能与农民的美好生活相匹配,更有可能产生经济效益等叠加效益。五是促进乡村组织振兴。党和政府要加强乡村基层党组织建设,提升基层党组织的组织力、执行力。要注重吸纳乡村各种基层组织中的优秀人才加入党组织,加强乡村各种组织的党建引领,发挥多种乡村组织的合力作用,带动乡村全面振兴。

第二章

现代化背景下的乡村治理

▶ 第一节 乡村治理的基本问题

党的十九大提出,我国社会主要矛盾已经转化为人民日益增长的美好生活需要和不平衡不充分的发展之间的矛盾。这种不平衡和发展不足在农村地区最为突出。新时代乡村治理必须着眼于乡村的基本问题,牢牢把握乡村治理现代化中的各种矛盾,通过解决这些矛盾,实现乡村地区的科学发展和有效治理。

一 "三农问题"仍然突出

自2004年以来,中央一号文件连续18年聚焦"三农"问题,特别是党的十九大首次提出坚持农业农村优先发展,将农业农村工作摆在优先位置,全力推动"三农"工作高质量发展。但当前农业农村发展仍存在农业产业化水平较低、乡村公共基础服务设施有待加强、农民增收诉求仍然迫切等问题。

1. 农业产业化水平较低

在农业方面,存在市场经济发展需要与农产品的供给落后之间的矛盾。传统的农业生产规模小,科技含量不高,采用单一的要素投入,产品质量低,经济效益差。从整个农业产业链的发展来看,要实现农业的"优

质高效",必须促进整个农业产业的整体高质量发展。农村产业体系应以"特色化、规模化、标准化、绿色化"为方向,创新农业"组织化"、建设信息化生产体系,大力发展符合当地资源的特色农业产业,为市场提供绿色优质农产品,在更好地满足人民美好生活所需的基础上,全面提升农业产业的效益;其次,广大农村要加大一、二、三产业深度融合力度,加强相关农业产业链延伸,利用数字农村建设,大力推进农产品品牌建设,努力提高农产品附加值,提升农业产业化水平。

2. 乡村公共基础服务设施有待加强

从农村基本公共服务来看,经过"十三五"期间的持续建设,我国广大农村面貌焕然一新,城乡基本公共服务均等化取得显著成效,城乡居民实现了医疗保障、义务教育和基本养老保险的全面覆盖。但是,城乡基本公共服务水平差距仍然很大,教育、卫生发展不平衡仍是短板。从基础设施建设和环境问题来看,在我国很多农村地区,农田水利、电网升级、危险房屋改造、道路加固、网络通信等基础设施建设方面还远远落后于城市,公共产品的配置效率较低。

为推进乡村宜居宜业建设,"十四五"期间应着力弥补乡村基础设施建设短板,解决乡村基础设施"最后一公里"问题,不断改善路、水、电、物流等基础条件,逐步实现城乡基础设施共建、共享、互联互通,全面提升农村科教文卫体、养老社保等公共服务水平,推动城乡基本公共服务均等化。改善农村人居环境,加快美丽乡村建设,使广大农村地区成为人民安居乐业的美好家园。

3. 农民增收诉求仍然迫切

在农民方面,农民稳定增收动力不足,仍存在短板。当前大部分农民主要依赖于务农收入,但其务农收入远低于外出务工收入。在新时代推进乡村治理建设,需要大力挖掘农民持续增收潜力,增加农民经营性收入和财产性收入比例。从而各地区可以结合当地具体实际,发展乡村特色产业,以现代农业技术为支撑,注重提高农业供给质量,发展优质高效农业,提升乡村整体发展水平。

随着现代化进程的加快,数量庞大的农民群体迈入现代化的门槛是国家治理不可忽视的重要部分。各地区需要因地制宜,发展壮大乡村新型集体经济,盘活当地乡村集体资源和资产,培育并建设新型职业农民队伍,让农民在深度融入集体经济中获得有稳定保障的可持续性收入,从而带领广大农民实现共同富裕。

二 城乡融合发展与城乡之间发展不均衡的矛盾

从城乡关系来看,新时代乡村治理面临着城乡融合发展与城乡之间发展不均衡的矛盾,如城乡二元结构体制矛盾较突出,城乡要素自由流动、平等交换不通畅,城乡数字鸿沟问题凸显等,进而阻碍城乡融合发展进程,制约着乡村治理现代化建设。

1. 城乡二元结构体制矛盾突出

城乡二元结构体制在一定程度上发挥了特定的历史作用,促进了优质资源和资金从农村向城市的持续流动,为城市经济的快速发展奠定了基础,特别是改革开放后,城市经济活力得到解放,国民经济实力进一步增强,但城乡差距也逐渐拉大,二元结构体制弊端日益凸显,社会矛盾日益突出,形成了市民和农民在身份上的刚性隔离,不利于新时代城乡一体化发展。因此,十九大提出构建城乡统筹发展的体制机制和政策制度,打破城乡二元结构,构建互补、融合、共同繁荣的新型城乡关系。

2. 城乡要素自由流动、平等交换不通畅

在劳动力要素流动方面,城市提供广阔的就业市场和相对较高的工资水平,农村剩余劳动力大量向城市转移,导致农村人口空心化现象严

重,农业农村发展内生动力出现严重不足。

在资本要素方面,农村地区获得资本要素的方式单一,国家财政资金的支持是一个重要来源。但基于农业和农村当前发展现状,支持力度明显不足。从而要推动城乡要素自由流动,拓宽资本要素流向乡村途径,不断推动城乡经济一体化建设。

在土地要素方面,土地虽然不可流动,但其权属和用途可以转换。土地只能通过征收由集体转为国有,同时通过用途管制从农业用地转为建设用地。在这个过程中,政府通过土地财政实现了农村对城市的支持,农村没有外部支持,只能对外输出,从而制约了城乡一体化的发展。

3. 城乡数字鸿沟问题凸显

受经济和社会分化的影响,城乡居民之间在信息基础设施的接入程度,电子资源的获取机会,信息通信设备的支付能力,对信息资源认识、获取和使用能力等方面都存在一定的差距,从而形成了城乡"数字鸿沟"。城乡数字鸿沟不仅仅是技术方面的问题,更是一个经济问题。

据统计,截至2020年12月,我国网民规模达到了9.89亿,互联网普及率高达70.4%,较2020年3月提升5.9个百分点。其中,农村网民规模为3.09亿,占网民整体的31.3%;城镇网民规模达6.80亿,占网民整体的68.7%。从地区来看,我国非网民仍以农村地区为主,农村地区非网民占比为62.7%,高于全国农村人口比例23.3个百分点。由此可见,农村与城镇网民规模仍存在较大差距,农村地区非网民总额人数占比较大,互联网利用效率也相对较低,因而导致城乡间数字鸿沟不断扩大。

其次,城乡间信息类技术人才数量相差较大,农村地区信息技术人才过于匮乏。农村由于其经济基础较为薄弱,很难给信息技术人才提供足够优质的物质条件以及相应的科研环境,从而导致农村地区很难吸引大批的人才,最终农业的数字化转型受到制约,农村的社会建设面临新的挑战,对我国城乡融合发展产生一定的不利影响。

三 乡村发展动力不足

从乡村发展的动力来看,新时代乡村治理存在乡村内生动力不足的问题。特别是乡村治理体制有待完善、农村基层组织"行政化"现象凸显、农民参与治理的主体意识不强、乡村治理主体流失严重等,从而新时代乡村治理要以人民为中心,始终坚持人民治理主体地位,完善乡村治理体制,激发乡村内生动力,实现乡村治理效能。

1. 乡村治理体制有待完善

健全的制度体系是实现乡村治理现代化的重要保障。近年来,我国基本形成了涵盖基层党建、基础保障等各个方面较为完善的制度体系,优化了乡村治理的制度环境。但是,仍有一些制度缺乏统一规划和有机整合,如乡村发展规划、公共服务体系建设等统筹不够,治理信息互通与资源共享仍存在困难,多数地方存在资金投入分散化、工作人员配置不合理、服务不精准等问题,乡村治理的规范化、统筹化程度相对较低,从而影响着乡村基层治理的效果。

在治理能力现代化背景下,一方面要优化基层权责配置体系,要深入推进乡村行政治理体制改革,优化行政效能,构建权责清晰、运行顺畅的基层工作体系,明确乡村各治理主体的权责范围、功能定位,推动社会治理和服务重心向乡村基层下移。

另一方面,要切实加强乡村治理资源的整合,要与城乡融合体制机制同步,统筹城乡治理,切实发挥好乡镇面向农村、服务农民的作用,加强以乡镇政府驻地为中心的农民生活圈、公共服务圈建设。此外,要通盘考虑城镇和乡村的发展,统筹谋划公共服务基本布局,注重运用市场

机制优化城乡资源配置,从而得以更好地实现乡村资源整合、数据共享,提升乡村治理的整体效能。

2. 农村基层组织"行政化"现象凸显

就基层而言,乡村治理现代化是乡镇政府与村民自治之间的良性互动。但在农村政治实践中,部分乡镇政府与上级政府职能部门存在职责范围界定不清、管理体制不顺、职能错位的问题。一些职能部门以"属地管理"为由,下压任务、推卸责任,乡镇政府越来越成为县级政府的执行机构,把相关工作任务直接转交给村委会实施办理。而村委会主要依靠行政资源开展工作,习惯运用行政命令进行治理,从而导致农村基层行政化倾向较为严重。

在行政压力驱动下,乡镇政府把对村民委员会的"指导"变为"领导",村民委员会的自治功能几乎丧失。从而,"行政性下沉"不仅压缩了乡村的自治空间,还对乡村的自治活力产生了一定的抑制作用。

乡村治理现代化建设的核心目标就是要提升村民自治能力,落实村民民主权利,建立和健全充满生机活力的村民自治机制。从而,新时代乡村治理要优化农村基层组织治理格局,加强自治、法治、德治三种治理方式的有效互动和融合,积极引导群众参与公共生活,最大限度激发乡村发展活力,从而得以更好地实现乡村善治。

3. 乡村治理主体流失严重

乡村治理现在面临的主要问题在于乡村青壮年劳动力和乡村人才等契合乡村治理需要的本土人才大量流失,进而导致乡村治理主体缺失。一方面,部分高素质和强能力的乡村人才外流,外出务工的乡村人才回流农村困难,导致村庄治理人才严重短缺。乡村人才和乡村其他人口的大量流失,给乡村社会发展带来了诸多影响,如留守问题、村庄空心化和产业虚弱化等。另一方面,本应该成为治理主体的乡村留守人员,却因为参与能力有限或参与意愿不足等,导致村庄公共事务无人问津,乡村治理的效果受到严重的影响。

新时代乡村治理必须要加强乡村治理人才队伍建设,为乡村治理提供智力支持。一方面要完善村干部监督管理体系,即完善村干部日常管理、监督考核、责任追究等配套制度,提高村干部依法办事、落实政策、服务群众的能力。其次,要定期组织培训会、学习生活会,组织基层干部定期学习,致力于提升基层干部行政素养和专业化水平。

另一方面,首先要健全乡村人才激励保障机制,实施优秀乡村人才返村奖励机制,并完善相关职业化发展体系、薪酬体系,积极吸引部分高素质和强能力的乡村人才回流。其次,在村内积极鼓励、推荐政治素质过硬、文化程度高、工作能力强、热爱工作的优秀人才进入村支部、村委会,从而不断扩大乡村治理各类人才队伍规模,为乡村治理提供强大的动力保障。

▶ 第二节　乡村治理的历史现实条件

改革开放以来,传统农村的封闭性、稳定性被打破,农村传统经济结构、社会结构、思想观念都发生了巨大变化。村庄治理结构、规则与秩序发生进一步演化与变迁,乡村环境发生了翻天覆地的变化,从而新时代乡村治理面临着新情况、新形势。

一 农村社会结构发生变动

随着现代化进程的加快,我国农村社会结构发生深刻变动,农村人口结构呈现快速变化,城乡人口发生双向流动,传统治理模式被打破更

新。首先,从农村社会阶层结构看,农民已不再是传统意义上仅依靠务农为生的单一阶层,而是逐步分化为农业劳动者、农民工、个体工商户、私营企业主、乡村企业管理者等不同群体;农户也分化为纯农户、兼业农户、专业大户等不同主体;其利益诉求和取向也发生变化,诉求与取向逐渐趋向多样化、多元化。

其次,从农村社会组织结构看,农民合作社、涉农企业、家庭农场等新型经济组织以及村民事务理事会等社会组织加快发展、日趋多样,以血缘、亲缘、宗缘、地缘等特殊人际关系为纽带组成的非正式组织,从正反两方面起着不可忽视的作用,原有乡村治理模式受到冲击。因此,农村社会不再是原来主要依靠宗法伦理、乡规民约、道德礼俗等进行调控的熟人社会。

在新时代治理能力现代化背景下必须健全乡村治理体系,加强创新农村治理新模式,通过制度创新来解决原有制度失灵、农村社会失范问题。

二 农村利益格局发生调整

随着城乡融合发展的加快推进,国家对农村基础设施和公共服务等相关投入也在不断加大,在资源配置和要素流动过程中,涉及城乡利益之间的利益要素急需进行再分配、再调整。

在农村新型经营主体不断增多、农业产业链条不断延长、土地等资产资源不断增值的过程中,农村各类主体之间的利益关系也变得更加复杂,利益冲突更加频繁。特别是小农户与新型经营主体的利益联结机制急需更新改变,农户间如何分享农业发展成果,防止被边缘化的问题日益突显。在一些地方,基层政府和农民之间围绕土地征占、土地流转、资源开发、环境保护等领域的利益冲突加剧,群体性事件时有发生。因此,面对农村利益格局深刻变化,必须高度重视乡村治理,从制度上理顺各种利益关系,平衡不同利益诉求,维护农村社会和谐稳定。

三 农民思想观念发生变化

新时代中国社会主要矛盾是人民日益增长的美好生活需要和不平衡不充分的发展之间的矛盾。随着社会矛盾的转变,农民群众对人民美好生活需要日益广泛,不仅对物质文化生活提出了更高要求,而且在民主、法治、公平、正义、安全、环境等方面的需求日益增长;农民不再满足于增收致富、过上宽裕生活,也更加注重个人政治权利的行使,积极主动地参与公共事务决策,依法主张和维护自身权益。

同时,当前也有一些农民群众精神空虚,相应带来道德滑坡等问题。因此,针对农民群众思想观念的深刻变化,必须加强乡村治理,在保障农民群众合法权益的同时,积极引导农民群众树立正确的价值观,推崇文明和谐的社会主义新风尚。

▶ 第三节 乡村治理的制度探索

随着中国特色社会主义进入新时代,党中央着力于乡村治理效能的提升,加快实现国家治理现代化,对乡村治理也提出了新要求,强调加快推进乡村治理体系与治理能力现代化。在治理能力现代化背景下,当代中国的基层乡村治理开启了一系列的制度探索。

一 深化农村自治体系

随着现代化进程的加快,国家逐步加大对农村农业建设的投入力

度,扎实推进社会主义新农村建设,全国各地也开始探索多元化的基层自治模式。如四川省成都市由政府为每个农村提供50万元资金进行新农村建设,为了使用好资金,成都市的农村创设了村民议事会,由村民自主商议资金使用;广东省云浮市为了新农村建设,利用宗族资源,引回在外乡贤,创设了村民理事会;广东省清远市依据本地"大多数自然村均是单姓宗族村"的实际,将自治重心下移至自然村,激活了村民参与的积极性。在新农村建设的政策导引下,地方政府引导农村结合自身实际,大力发展农村村民自治,激活了农民的主体性参与热情,也进一步探索出了多层次、多样化的自治实现形式。

党的十八大以来,着眼于实现全面建成小康社会的奋斗目标,党中央提出了一系列战略方针在理论和实践上进一步深化拓展了乡村治理。2013年,习近平总书记在湖南湘西十八洞村调研时首次提出"精准扶贫"思想,之后就精准扶贫工作明确提出"六个精准"要求和"五个一批"具体策略,推动我国乡村治理持续改革创新。2014年中央一号文件提出"探索村民自治有效实现形式"重要命题;2015、2016年连续两年中央一号文件提出"在有实际需要的地方,扩大以村民小组为基本单元的村民自治试点"。

在中央文件的引导下,全国各地农村结合当地实际开始探索村民自治的有效实现形式。湖北省秭归县以"幸福村落建设"为契机,按照"地域相近、规模适度、利益相关、共建同享、文化相连、便于凝聚"原则,将全县12个乡镇的186个行政村,划分为2 055个自然村落,保持每个自然村落的地域面积在1～2平方千米,人口规模在30～80户,将自治重心下移至自然村,以自然村为基本单元开展自治。在自然村单元,建立"两长八员"制度、村民议事会等自治组织,并制定村规民约,激发村民参与自治的积极性,推进了自治的有效实现;广东省蕉岭县下移自治单元至自然村,探索自然村自治;广西河池市下移自治重心,探索"自然屯自治"。各地区在深化自治的过程中,高度重视乡村治理回归自治本位,强调自治的有效实现。

二 探索多元有效的乡村治理

党的十九大基于对中国国情条件的深刻把握适时提出乡村振兴战略,从新时代推进国家治理现代化、实现中国法治现代化的战略高度,提出了"健全自治、法治、德治相结合的乡村治理体系"的重大战略任务,将其作为实施乡村振兴战略的重要内容。《村民委员会组织法》也进一步完善了新时代基层乡村自治制度。坚持自治、法治、德治的内在贯通融合,从强调民主到强调治理,在新时代对乡村治理提出了更高的要求,也赋予了乡村治理新的时代意义。

1. 强调治理有效

乡村振兴是对乡村社会进行全面整合,实现各种资源协调发展,最终实现乡村全面振兴。治理有效则是以治理对乡村社会进行整合,以治理振兴乡村,推进乡村治理体系的现代化。以治理振兴乡村的组织基础是村民自治,主体基础是农民,制度基础是法律。在实践中,各地区要结合农村实际,建构更加具有适应性的治理体系,提升乡村治理体系的现代化水平。

一是更加注重乡村治理与自治的基层民主基础,积极探索多元化村民自治的有效实现形式,切实保障和维护广大农民主体权利,努力实现村民自治落实到农村基层民主建设与乡村治理的全过程和各个方面。

二是更加注重推动乡村治理与自治的法治化进程,为乡村治理与村民自治活动提供必要的法制保障,着力促进正式的国家法律与非正式的乡土生活惯例与准则的有效对接,打造法理型的现代乡村治理体系。

三是更加重视德治在乡村治理和自治中的价值导向作用,深入推进传统德治理念和体制机制的现代性转型。关注乡村社会的伦理价值规范对于乡村社会成员行为取向的道德判断,使之成为乡村社会治理与自治的内在调节机制。

对此,部分农村已经着手进行了较有意义的尝试,其中一些也被党中央高度重视,并作为一般性经验在全国推广,如浙江省桐乡市建构"自治、法治、德治"相结合的治理体系、农村基层协商议事、自治重心下移至村民小组或自然村等。

2. 强调多元主体参与乡村治理

治理有效强调"政社协同",在激活农民主体性的同时,强调多元社会主体的参与。改革开放前的乡村治理体系是"政社合一"的人民公社模式,改革开放后的乡村治理体系是"政社分开"基础上的村民自治,而新时代则强调在"政社协同"的基础上建构更加有效的乡村治理体系。这一体系的实现,不仅需要党建引领、政府引导,也需要多元社会主体的共同参与,重视政府、社会、企业、公民的多元合作、多方互动。在新时代,社会组织、集体经济组织、新乡贤、企业家等均可参与村级治理,致力于在多方协作中实现乡村善治。

新时代背景下的乡村治理,各地区必须立足于农村具体实际。中国农村具有区域差异性,决定了不同区域的乡村治理体系在形式和内容上也具有差异性,各地区要整合现有资源,在实践中加强广大政治主体——村民的积极参与,探索治理形式多元、治理方式多样、治理结构多层的乡村治理体系,建设出一条适应当地特色的乡村善治道路。

▶ 第四节　乡村治理的内生基础

　　乡村治理不是凭空发生的,而是在具体的时空中,在特定的人民和社会基础上发生的。乡村治理的内生基础主要是各乡村社会,依据地方性的价值观念、宗教信仰、传统习俗等自发形成的内生秩序。乡村治理的内生秩序是乡村治理得以发生的微观基础,主要包括三个方面:一是人的条件,关注人们的精神层面,例如人们的道德观念、宗教信仰、生活态度等;二是物质生存条件,比如地理位置、生态环境、住房情况、收入状况等;三是关注乡村社会文化条件,如乡贤文化、村规民约等。

一　人的条件

　　随着现代化进程的推进,城乡流动的壁垒逐渐被破除,城乡间的人口流动使得农民的传统思维方式发生改变,传统价值观念也受到了冲击。党的十八大以来,国家深入推进农村精神文明建设,以社会主义核心价值观为引领,着力提升群众文明素质和农村社会文明程度,推崇社会主义新风尚,建设乡风文明新气象。

　　如今,农村农民文化环境得到了巨大的改善和提升,农村公共文化事业快速发展,农民精神文化生活日益丰富化和多样化,乡村居民传统的生产方式、价值观念、思维习惯、人际交往等都发生了转变,乡村文明程度显著改善,农民群众文明素养得到了全面提升,为新时代乡村治理提供了强大精神动力。

1. 生活习俗方面

　　习俗作为一个地区居民生活方式的反映,是村民对作为本村成员身

份的心理确认。习俗是一种强烈的心理认同,是一种向心力和凝聚力,能够从人们的心理上引起其对村庄利益的深切关注。生活习俗作为生活中的文化现象,包括生老病死、衣食住行、婚丧嫁娶的习俗,宗教信仰等内容,对人们的价值观、为人处世的原则和行为都会产生重要的影响。随着新时代社会主义价值观的弘扬和发展,开展全社会移风易俗建设,一些与社会主义核心价值观相悖的恶俗被摒弃,而与社会主义核心价值观相协调的传统习俗得到了发扬光大。这些传统生活习俗,是发展村民自治的重要基础,也对农民群众日常行为产生一定的约束,农民群众个人思想道德水平得到了提升,从而能够为当地乡村治理提供一定的道德指引。

2. 空间结构方面

乡村是由一个个农户组成的,每个农户不仅空间位置是固定的,而且是开放的。所谓开放,是指农民群众的大事小情邻里之间基本上都清楚,于是形成了特定的邻里关系和熟人社会,并相应产生了多种熟人社会的规则,如邻里互助、诚实守信、社会舆论等。因此,人们的行为受到了潜移默化的约束,便于村内舆论监督,对乡村成员的行为起到了一定的监督和矫正作用,为乡村治理提供了良好的监督氛围。

二 物质条件

中国特色社会主义进入新时代,以习近平同志为核心的党中央,坚持把解决好"三农"问题作为全党工作的重中之重,持续加大强农惠农富农政策力度。此外,国家坚持建立健全城乡融合发展体制机制和政策体系,全面深化农村改革,稳步实施乡村振兴战略。2020年脱贫攻坚任务如期完成,精准扶贫成效举世瞩目,我国农业农村发展取得了历史性成就,农村物质生活条件得到了巨大提升,为新时代乡村治理提供了重要物质支撑。

1. 农业生产效率明显提高

党的十八大以来,国家坚持巩固和完善农村基本经营制度,深化农村土地制度改革,完善承包地"三权"分置制度,加快发展多种形式规模经营,农业生产组织方式发生了深刻变革。农村土地流转助推农业规模化发展,不仅有利于稳定农业生产、提高劳动生产率,而且有利于提高农业的集约化、专业化、组织化、社会化水平。其次,新型经营主体大量涌现,农村现代农业活力显著增强。国家着力培育的各类新型农业生产经营主体和服务主体,农民合作社、家庭农场、龙头企业等数量快速增加,规模日益扩大,带动了农村规模化经济的发展,促进了农民持续稳定增收。此外,广大农村地区积极探索农村农业发展新模式,结合当地农业资源积极拓展农业发展新动能。将农业和现代产业要素相结合,协调发展设施农业、观光与休闲农业、农产品 + 电商等新模式农业,延伸了农业产业链,增加了农产品附加值,带动了农村经济的快速发展,为乡村治理提供了良好的物质基础。

2. 人居环境得到重大改善

乡村人居环境整治是乡村振兴战略的重要内容,关乎着乡村居民的身心健康和农村经济社会的发展。近些年,随着国家及政府对乡村人居环境建设的重视与投入,坚持以农村垃圾、污水治理和村容村貌提升为主攻方向,乡村人居环境得到了较大的改善和提升,为建设好生态宜居的美丽乡村打下了坚实的基础。

各地区在开展乡村人居环境整治过程中,一是坚持以人为本、因地制宜。针对各村实际,从便民利民出发,因村施策,开展农村生活垃圾集中治理,实行点面结合、以点带面、稳步推进。确保制定方案切实可行、推动措施强而有力,努力实现整治成效满足农民群众对美好生活的期

盼。二是坚持以村为主、共同参与。村委会是整治工作的主体,在乡村人居环境整治过程中广泛动员村民力量积极参与,形成上下联动、综合整治的工作机制,有效确保了乡村人居环境治理能够长久持续进行。

各地区在人居环境整治过程中把群众认同、群众参与、群众满意作为根本要求,依靠群众的智慧和力量建设美好家园,广泛动员多方主体参与,为乡村治理提供了良好的环境支持。

三 社会文化条件

乡村文化在促进交流信息、密切感情、消除隔阂、化解矛盾等方面都发挥着其独特的作用。乡村文化中凝结的优秀思想观念,以及乡村公共空间具有其特有的社会结构特点,蕴含着丰富的乡村治理资源,乡村治理可以从乡村传统社会文化条件中汲取智慧,受到启发。

在社会结构方面,乡村具有两个结构特征:一是以血缘为纽带形成的家庭与家族关系。家有家规、族有族规,一个家庭或家族要维系成员的和谐需要有规矩。家规是为维护家族秩序,由家族制定并传承下来的教育规范后代子孙的行为准则,是治家教子、修身处世的重要准则。把家规凝练成便于传颂和铭记的格言、警句,就成为家训,是对家族对子孙后代立身处世、持家治业的教诲。二是以地缘为基础形成的邻里与同乡关系。由于生产互助、生活互帮、应对突发事件等需要,也因为频繁的互动条件和情感需要,于是形成了与邻为善、守望相助、讲诚信、守信用、远亲不如近邻等一系列文化传统,这些文化传统具有引导人们向善向上的教化功能,潜移默化地对乡村成员的意识和行为发挥引导作用。

1. 村规民约

村规民约内含着优秀传统文化基因,在中国古代的乡村社会秩序构造中发挥了重要的作用,是一项具有中国特色的法律文化传统,对乡村治理发挥着重要作用。村规民约,是由全体村民共同制定、共同遵守的自治性行为规范,是一种集体契约,是集体意志的表现,在日常生活中制裁和约束村民不良行为、调解村民间纠纷,是实现村民自我教育、自我管理的有效途径,也是实现基层乡村治理的重要途径。

2. 乡贤文化

乡贤文化既是基层民众的潜在规范,为基层社会道德提供了有力武器,也是基层民众无形的指引,是带领乡民致富的典型代表。"乡贤治村"具有悠久的历史依据和现实基础,乡贤是本乡本土培育的具有声望、学识、财富、信息、技术等所长的杰出人物。乡贤来源于群众,了解乡村整体发展的现状以及发展优势,能够理解乡民的需求,同时也能够对乡村建设提出自己的认知和理解。从而乡贤在政府—村民、市场—村民间搭起了沟通的桥梁,能够及时解决乡邻之间的矛盾纠纷,组织领导村庄建设活动等。乡村通过发展乡贤等一系列主体协同参与治理,为多元主体参与乡村治理,实现乡村善治提供良好的合力支持。

此外,新时代乡村治理要继续深入挖掘乡村文化中蕴含的其他优秀思想观念、人文精神、道德规范,不断赋予其新的时代内涵以及表现形式,充分发挥其在凝聚人心、教化群众、淳化民风中的重要作用,切实增强农村发展活力。

村规民约以及乡贤文化,都是结合农村实际创造出的乡村治理新手段,在充分利用当地乡村资源的前提下,形成的有效化解乡村矛盾和问题的机制。从而在新时代治理能力现代化背景下,要充分发挥农民的主体作用,做到民事民议、民事民办、民事民管。此外,可以利用乡村熟人社会的教化机制,从最小单元、最小细胞抓起,完善重心下移、力量下沉的工作机制,发扬新时代"枫桥经验"的精髓,实现"小事不出村,大事不出镇,矛盾不上交"的治理效果,把矛盾化解在基层。

第三章

"枫桥经验"与当代中国乡村治理

▶ 第一节 "枫桥经验"的核心内涵和基本取向

一 "枫桥经验"的核心内涵

1. 党的领导是"枫桥经验"的政治灵魂

"枫桥经验"之所以保持长盛不衰的生命力,其根本就在于把党的领导落实到基层,使党组织成为基层社会治理的"主心骨"。始终坚持充分发挥党的政治优势,把党的领导与"枫桥经验"基本精神紧密结合起来,贯穿于基层改革发展稳定各领域全过程。"枫桥经验"在最开始创立的时候,就是枫桥镇干群在浙江省委的支持和领导下对在社教运动中一些好的经验、被人们认可的做法进法总结得来的。改革开放以来,枫桥基层党组织又带领人民群众开展了一系列乡村治理新实践,并得到省委的支持。1977年,浙江省委下发文件,要求其他地区学习"枫桥经验",第一条就是"党支部能坚持党的基本路线,加强对治保工作的领导"。在新时期,枫桥镇干部始终充分学习中央下发的精神与部署,加强基层党组织的思想建设、政治建设、组织建设,努力提升基层党组织的治理能力,吸取时代精华,结合实践经验,创新了"枫桥经验"。基层党组织是我们党治国理政的神经末梢,是基层治理的"领头羊"。正是枫桥基层党组织的战斗堡垒作用和党员干部的先锋模范作用,才使得"枫桥经验"始终沿着正确的政治方向不断前进,形成了乡村治理的中国经验。

"枫桥经验"之所以成为成功的典型,就在于探索和遵循了党领导基层治理的基本规律。这个规律用一句话来表述,就是党领导人民共同治理。再提炼浓缩一下,就四个字"党领民治"。其内在逻辑包含四句话十六个字:党领民治、统领共治、多治合一、引领善治。党是领导核心,群众是治理主体,共治是治理规则,善治是治理目标。党领民治,就是党领导人民共同治理,讲的是治理的主导力量和主体力量,也就是说党员、党组织应在乡村治理过程中承担主要任务;统领共治,就是党员和党组织要对其所在地区的治理有所计划,协调各个方面的关系,做一个指路人;多治合一,就是自治、法治、德治、心治、智治等多种方式结合,讲的是党领导人民治理的方式和方法;引领善治,就是党员要在思想道德上做榜样,对百姓起到带动作用,让百姓信服,愿意配合村组织的行动。

俗语说"打铁还需自身硬,无须扬鞭自奋蹄",枫桥基层党组织能让群众信服,并且让群众自愿参与到治理实践当中来,最重要的原因就是他们一直在加强党的建设。坚持加强组织建设,把党组织嵌入乡村治理的各个领域,着重提升党的组织能力和党员干部的领导水平;坚持转变乡村治理的思想作风和工作作风,力戒歪风邪气以正党的形象;坚持完善党的基层工作制度,如村党支部工作制度、党务公开制度等,创新党的制度建设。

2. 群众路线是"枫桥经验"的根本法宝

"一切为了群众,一切依靠群众,从群众中来,到群众中去"是党的根本工作路线,也是党处理纠纷、解决矛盾的必胜法宝。"枫桥经验"从诞生之初便开始依靠人民群众,对"四类分子"进行政治斗争。经过近60年的传承与发展,走群众路线,依靠人民群众已成为"枫桥经验"得以传承与

发展的重要法宝,是"枫桥经验"核心的工作方法。毛泽东同志认为,"枫桥经验"回答了两个问题:一是群众是怎样懂得这样做的;二是依靠群众办事是个好办法。这两点总结出做好群众工作的重点,相信群众、依靠群众,唤起群众的自觉,激发群众的力量,才能化解矛盾、实现长治久安。枫桥经验一直就十分重视群众的意见,在社教运动中,充分发挥人民群众的主人翁意识,积极开展群众工作,采取"教育感化""以德服人"等方式,积极改造"四类分子",效果显著。改革开放后,"枫桥经验"又依靠群众力量,坚持群众路线,及时就地解决矛盾纠纷,积极协助公安部门破案缉凶,有效维护了基层社会的稳定。新时代"枫桥经验"吸取新时代习近平中国特色社会主义思想,坚持以人民为中心。为了让群众真正参与到社会治理中,做好群众工作,枫桥镇充分发挥村民委员会、居民委员会的带头作用,大力发展"红枫义警协会"、调解志愿者联合会、乡贤联合会、"枫桥大妈"互助会等社会组织,并为这些社会组织建立了镇级服务中心,提供专门的办公场所,以有效化解社会矛盾、推动乡村振兴、维护农民利益、激发社会活力。在基层治理中,自治与他治关系的处理是一大难题,既要坚持党的统一领导和政府主管,不使治理处于无政府状态,又不能使领导、主管变成包办代替,改变基层治理的自治性质,把自治变他治。枫桥经验比较好地解决了在基层出现的领导独断专行问题,有针对性地创立了"三上三下"的民主议事制度,开设"民意电子墙""干部群众对话墙",加强干群沟通,使群众的决策权利落到了实处,使广大人民群众能够及时有效地监督社会治理中出现的各类问题。习近平总书记曾多次强调,把"枫桥经验"坚持好、发展好,把党的群众路线坚持好、贯彻好,充分发动群众、组织群众、依靠群众,推进基层社会治理创新。

3. 预防和化解矛盾是"枫桥经验"的思想精髓

"枫桥经验"特别注重预防和化解矛盾,充分依靠社区的力量,做到与百姓共同化解矛盾纠纷,共同检查安全隐患,一起营造平安环境,实现了"小事不出村、大事不出镇、矛盾不上交、就地化解"。"枫桥经验"在最开始的时候就是为了化解社会矛盾,尤其是化解基层矛盾冲突。在创新发展"枫桥经验"的长期探索实践中,浙江形成了一系列行之有效的防范化解矛盾纠纷的体制、机制和制度。防微杜渐、未雨绸缪的源头治理理念是"枫桥经验""小事不出村、大事不出镇、矛盾不上交"的现代治理要求,也是预防化解矛盾的治理途径。"还原矛盾本质,从源头解决矛盾"是"枫桥经验"预防和化解矛盾的本质要求。随着经济的迅速发展,社会各种矛盾日益复杂化、多样化,可归结到底仍是人与人、人与物的利益矛盾。"枫桥经验"抓住了这一问题的本质,面对新时代基层社会治理的各种挑战和问题,枫桥镇结合新时代特点不断衍生与创新出更多源头治理的方式方法。其主要举措有:一是积极探索矛盾不上交的方法,就地解决纠纷矛盾,强调责任担当,创新工作制度与方式。创建了"零上访村""零上访镇"的有效机制并积极开展矛盾纠纷调解工作,促使村与村、镇与镇之间形成良好的互动局面,全方位调动各级党组织和政府重预防、重化解的积极性,推动多种基层治理矛盾问题在镇、村层面解决。二是探索源头治理的工作方法,形成"组织工作走在预测前,预测工作走在预防前,预防工作走在调解前,调解工作走在激化前"的"四前"工作法,实现事前预防,防患未然,及时有效解决矛盾。三是探索源头治理的机制,形成"四先四早"的工作机制,预警在先,苗头问题早消化;教育在先,重点对象早转化;控制在先,敏感时期早防范;调解在先,矛盾纠纷早处理,使源头治理有长效机制的保障。

4. 与时俱进是"枫桥经验"的鲜明风格

"枫桥经验"具有鲜明的与时俱进的精神,能够适应不同历史时期社会治理需要,并焕发新的生命力。"枫桥经验"在不同的历史阶段呈现出

不同的表现形式,是对传统的延续和创造性转化,是对时代的回应和创新性发展,具有鲜明的"时代性",主要体现为三个"与时俱进":一是内涵的与时俱进,在"枫桥经验"50多年的发展历程中,一直坚持着与时俱进的原则,是理论与实践创新的典范,在时代的不断更替中,对于社会发展及经济发展中存在的新问题,干部群众从实际出发,在"枫桥经验"中不断融入新的理念,将其作用充分发挥。"枫桥经验"的内涵,在社会主义建设初期是"依靠群众,化解矛盾",化解的是阶级矛盾;在改革开放以后,是"群防群治,维护稳定",化解的是人民内部社会治安领域的矛盾;在21世纪之初,是"发动群众,服务群众",化解的是政法综治战线社会管理领域的矛盾;在中国特色社会主义新时代,是"'自治、法治、德治'相结合",化解的是在经济、政治、文化、社会、生态"五位一体"建设过程中产生的社会治理领域的矛盾。这是"枫桥经验"的基本内涵由点到线再到面的与时俱进。二是工作方法的与时俱进,根据不同时期的不同历史任务,"枫桥经验"的工作方法也体现出因地制宜、因时制宜的特点。在改革开放之前,对于改造对象主要是以"不要武斗要文斗"的思想说服改造方式,对于失足青年及违法分子就地改造,把矛盾提前预防化解。改革开放之后,"枫桥经验"的治理路径从预防化解矛盾发展为基层社会治理;路径上,从群防群治发展为自治、法治、德治"三治融合"。在治理方法上,从传统治理发展为"传统+智慧"治理,把以建立人防、物防、技防为主的"三防"模式发展为建立健全人防、物防、技防、心防"四防并举"的社会风险防控体系。三是在治理领域上,创立之初,"枫桥经验"只是用于化解阶级矛盾带来的问题;改革开放以后,"枫桥经验"走向了公安、综治的方面;新时期,"枫桥经验"在社会发展的各个方面全面开花创新,对于社会矛盾化解、人口管理、基层民主建设等方面作用都得到了充分发挥,成为政治、经济、文化、生态、社会等全方位、多领域不断发展创新的典型经验,为党的十九大提出的"打造共建共治共享社会治理新格局"提供了宏大的实践支撑。其根据时代的变化而变化,内容经验实时更新,不仅适用于当下的发展,在各个领域中也都能应用"枫桥经验"。

二 "枫桥经验"的基本取向

1. "发动和依靠群众"的民主取向

在马克思看来,民主理应是人民自主权与人民意志的实现,国家制度理应由人民自己创造、自己建立、自己规定、自己决定自己的事情。他说:"在民主制度中任何一个环节都不具有本身意义以外的意义。每一个环节都是全体民众的现实的环节。"习近平指出"民主不是装饰品,不是用来做摆设的,而是要用来解决人民要解决的问题的"。"枫桥经验"是民主治理的典范,其蕴含着丰富的民主思想,主要体现在民主观念、民主体制、民主实践等方面。

"枫桥经验"中的民主理念主要是"一切为了群众,一切依靠群众""发动和依靠群众"和"服务就是最好的治理"的观念,总而言之,就是其一直坚持的"群众路线"以及新时代发展创新的"以人民为中心"的思想。正是因为如此,"枫桥经验"在发展中坚持以人民为主体,走群众路线,以尊民、爱民、为民、便民为目的。我们知道,"枫桥经验"来自基层,是人民群众自己创造的,其价值和生命力也在于此。党和政府虽然在总结和推广这一经验中处于重要地位,但在其中的作用只是经验的发现者、总结者、推广者和引领者。枫桥镇的党政领导认识到这一点,坚持基层治理以自治为主的属性,把决策权、管理权交给群众,立足于群众,走群众路线,充分发挥基层自治组织和各种社会组织的作用。

"枫桥经验"在发展过程中形成的民主体制主要是指遵循民主原则运行的社会基层治理组织。"枫桥经验"十分强调基层社会组织参与社

治理的力量,当前我国农村中的基层组织大体上有三个方面:(1)党和政府派驻机构的人员,如片警、驻村干部、大学生村官之类;(2)村上的自治机构,如村党组织、村民委员会、村务监督委员会、村股份经济合作社等;(3)村一级的各种社会组织。诸暨市的村(社区)机构和党组织都很健全,社会治理是它们的主要职责之一,其内部负责社会治安事务的有专门的机构和人员,如治安小组、信息员、片警、法律顾问等。另外,他们还特别注意其他社会组织,如家庭、宗族、各种行业协会、各种文化团体、各种社会公益性组织等,使它们在治理中发挥作用。"枫桥经验"积极鼓励各种群众性社会组织、志愿者组织参与社会治理工作。如果说村级自治是基层民主最主要的方面的话,那么,从民主的程度讲,各种群众性社会组织、志愿者组织对社会治理工作的参与是更具民主特征的治理方式。因为村自治组织的工作带有比较大的来自政府上层的因素,离不开党和政府的指导和参与。更不要说其本身就带有准"官"的性质,而群众性社会组织、志愿者组织则是彻底的"民"。虽然是集体组织起来的"民",它们参与社会治理是真正的"民"的自治。诸暨市的各种群众性社会组织、志愿者组织很多,它们都积极地参与社会治理,并取得了很好的效果。在诸暨市各种社会组织很多,有47种1 213家。它们大都有健全的机构、充沛的资金和真实的社会活动,在社会治理中发挥着重要的作用。就枫桥镇而言,目前有各类镇级社会组织46家,村级193家,有会员14 500名。如义工联合会、"枫桥大妈"联合会,"红枫义警"协会、调解志愿者联合会、三贤文化研究会、"娟子工作室"、诸暨市孝德研究会枫桥分会等。这些组织在社会发展中百花齐放,各尽其能,在改善民生、繁荣社会经济文化、化解社会矛盾、维护社会秩序、保护自然环境等方面发挥着政府所不及的拾遗补阙的作用。党的十八大以来,习近平主席强调我们要有绝对的制度自信,并且要不断扩大我们的制度优势,加强党和广大人民之间的联系,广泛听取人民的意见,把人民的意志和要求通过法定程序上升为国家意志,按照人民的合理意愿去解决人民的困难和问题,真正做到权为民所用。

2. "采用说理斗争""实现捕人少、治安好"的文化伦理取向

中华传统文化根植于中国人内心,影响着中国人的价值观念与行为方式。习近平主席曾指出:"中华优秀传统文化是中华民族的突出优势,是我们最深厚的文化软实力。"而"枫桥经验"的历久弥新也离不开其所蕴含的优秀传统文化,其中以儒家文化为代表的中华传统文化更为明显。

基层治理主要是处理人与人之间的关系,人与社会之间的关系等。在对处理人与人之间关系时,孔子说道:"修己以安人。""己欲立而立人,己欲达而达人。"这里涉及的是人与自我、与他人之间的关系,首先是"修己",拿自己当人;其次是"安人",拿别人当人,既爱自己又爱他人。由己达人,"己所不欲,勿施于人"。中国人拥有一种"同情的智能",通过情感的共鸣去实践自觉且自律的道德。而"枫桥经验"在最初诞生之时对"四类分子"的改造采用"文斗"而不是"武斗",体现的正是对他人生命与人格的尊重。"以和为贵"是中国人自古代传承至今的道德文化,对注重道德情感的中国人而言,和谐所带来的幸福体验远远超过物质满足带来的体验。孔子曰:"礼之用,和为贵……知和而和,不以礼节之,亦不可行也。""君子和而不同,小人同而不和。"孟子说:"天时不如地利,地利不如人和。"《礼记·礼运》中有云:"讲信修睦,谓之人利。争夺相杀,谓之人患。"这些古语主要就是告诉我们,温和有礼的治理方式比强硬粗暴的治理方式更适应于乡村治理。因此,在处理人与社会、人与自然、人与人之间的各种关系时,应灵活处理,用道德教育人们,帮助人们相互理解,真正做到从内心化解矛盾根源、平化纷争。新时期以来,枫桥镇用情理法

相融之道去处理和化解人际关系中的矛盾纠纷,从而合情合理、公正合法地解决利益纷争和弥合民间隔阂,最终达到邻里和睦、区域和谐、令人满意的社会成效。在枫桥镇,以"老杨调解中心"为代表的民间调解组织和一批志愿者既以法律为依据,又对矛盾双方动之以情、晓之以理,既平纷争又解心结,将矛盾自我"消化"在基层。"礼治"是实现"和谐"的途径,除了道德规范的约束,在乡村社会明显地体现礼治思想的就是乡规民约。费孝通先生曾说"乡土社会是'礼治'社会","礼是社会公认合式的行为规范"。乡规民约自古就有,是由村民群众制定的约束规范村民行为的规章制度,带有自发性和地方色彩。虽然体现的是一种文化"小传统",却对普通民众产生了更直接的影响。在法治中国建设的进程中,枫桥镇的干部群众既看到了乡规民约在社会治理中的价值,又注意到它的规范盲点、与国家法律法规相背离、难以有效执行等问题。他们呼吁对乡规民约进行改革,并落实于行动。'

"枫桥经验"在新时代展现的文化伦理取向具体体现在其德治的治理思想上,德,不仅是立身之本,更是立国之基。"为政以德"的德治思想,不仅成为中国传统政治文化中极为重要的组成部分,也是当今中国特色社会主义政治思想的关键构成。"枫桥经验"强调的德治不同于传统乡土社会以个人为中心的私人道德,而是以"社会、集体、他人、个人利益的有机统一"为价值取向的公共道德,是"一种激发人们从认知层面甚至发自内心地'利他'的治理模式。"枫桥经验"的"德治"是通过道德教化,以社会主义核心价值观提升公民道德素养,实现良好社会秩序和社会风尚的一种治理方式,它是基层社会治理现代化的根基和灵魂。当今时代的家风建设、社区好人表彰等都是基层社会治理德治的体现。在新时代"枫桥经验"中,德治则表现为"以文化人,德润民心"。在实践中要重视乡贤文化的重要性,充分发挥乡贤在乡村治理中的积极作用;要响应新时代的必修课——家风建设,注重家规家训的教化作用;要充分发挥传统文化、道德文化的熏陶作用。

3. "矛盾不上交,就地解决"的成本取向

社会治理成本"矛盾不上交,就地解决"蕴含的成本取向主要体现在源头治理、多元主体协作等方面。"凡事预则立,不预则废",我国传统的社会治理向来注重防微杜渐,防患于未然。这也是我们党处理各种社会问题和社会矛盾的优良传统。"矛盾不上交"意味着在事情发展的源头就解决掉,不使其继续扩展延伸,使其影响范围最小化。源头治理不仅继承了我们党的优良传统,还在实践中不断创新。它不仅可以有效防止各类社会风险和社会矛盾的发生,而且可以及时有效地处理出现的各种社会问题,极大地优化社会治理成本。"枫桥经验"注重对社会风险和社会矛盾的有效防范,从源头上对社会风险和社会矛盾进行预防。如果当社会风险和社会矛盾产生后再去治理,就会极大地增加社会治理成本,甚至有些社会风险和社会矛盾在产生后根本无法挽回。那种"事后救火"治理模式,不仅治理效果差,而且治理成本巨大。在新时代"枫桥经验"的实践中,应合理运用"四前"工作法、"四先四早"工作机制等类似方式,增强社会治理各类主体和公众的风险意识和风险责任,从源头上有效消除基层社会治理的各种隐患。

政府运行成本的居高不下,已经成为中国发展中的一道难解之题,这道难题的根本在于政府包揽过多事务。如果今后仍然沿袭过去旧的行政模式,不借助民间自治机制来培育相关的自治或志愿组织,最终只会无限度地提高政府治理成本。而"枫桥经验"坚持"矛盾不上交",更注重发挥社会力量的作用,充分发挥多元治理主体的作用,使行政成本尽可能地减少。"枫桥经验"强调党委、政府领导,社会各主体共同参与,形成齐抓共管的基层治理新格局。这种工作格局有助于各方面力量共同

行动起来,实现最优的结果。"枫桥经验"将资源的利用聚焦在社会力量上,避免了财政资源的过度支出。诸暨市和枫桥镇积极探索,通过民间自治力量有效降低了政府治理成本,枫桥镇超过总人口10%的群众参与到社会管理中,这为政府减少了一笔庞大的财政开支。另外,枫桥镇派出所设立的"老杨调解中心",聘用退休的全国优秀人民警察杨光照和两名年龄较大的司法助理员从事调解工作,政府只花费少量财政开支,却获得每年调处近百起案件的效果。据统计,自2010年5月老杨调解中心成立以来,到2012年12月底,3位专职调解员共受理各类纠纷350件左右,其中协助民警办案53件,调解结案297件,调解成功率97%~98%,调解成功的案件满意率达100%;共兑现各类赔偿金额达1 200余万元,兑现率达到99.9%。而上述只是计算了政府节约的显性成本,还不包括大量隐性成本(如维稳成本)。同时,"枫桥经验"通过解决信息不对称问题,促成纠纷的有效解决。有意识地造成和利用信息不对称来获取利益一直是导致腐败和资源浪费的重要因素。"枫桥经验"一贯重视解决信息不对称问题,尤其是在网络技术极为发达的当下,更是借助数字媒介使得当事人达成共识和理解的能力大大提升。

▶ 第二节 "枫桥经验"的时代价值和创新内涵

一 "枫桥经验"的时代价值

1. 理论层面:推动中国特色社会主义治理理论的丰富发展

"枫桥经验"蕴含了马克思、恩格斯关于社会发展与人的全面发展的基本原理、中国特色社会主义治理理论,是马克思主义基本原理、毛泽东思想、邓小平理论、习近平新时代中国特色社会主义思想在实践中创造性运用的典型。在"枫桥经验"诞生、发展、转型升级的过程中,毛泽东同志与习近平同志发挥了举足轻重的作用。可以说,毛泽东思想催生了"枫桥经验",而习近平新时代中国特色社会主义思想培育、发展了新时代"枫桥经验"。"枫桥经验"的诞生给中国特色社会主义思想增添了丰富的一笔。在习近平新时代中国特色社会主义思想的指引下,"枫桥经验"从社会管理经验转型升级为社会治理经验,从基层地方治理典型上升为在全国广为传播的治理模式,从基层治理经验方法升华为新时代基层社会治理体系和治理能力现代化的理论范式,并且成为习近平社会治理理论的萌发地及其实践来源。一方面,新时代"枫桥经验"是习近平新时代中国特色社会主义思想的重要成果。党的十八大以来,习近平同志描绘了经济、政治、文化、社会、生态体制改革,法治改革与平安中国建设图景,指出"国家治理体系和治理能力是一个有机整体,相辅相成,有了好的治理体系才能有好的治理能力,提高国家治理能力才能更好地实现国家治理体系现代化";提出了社会治理战略布局论、社会治理性质论、社会治理格局论、社会治理主体论、社会治理动力论、社会治理基本原则论、社会治理体系论、社会管理体制改革论、社会治理机制论、网络社会治理法治论;科学回答了"什么是中国特色社会治理现代化""为什么要推进中国特色社会治理现代化""怎样推进社会治理法治化现代化,加快建设'法治中国、平安中国'"三个基本问题,形成作为习近平新时代中国特色社会主义思想的重要组成部分的习近平社会治理理论。以习近平同志为核心的党中央适时提出一系列推进社会治理现代化的新理念新思想新战略,为创新发展"枫桥经验"提供了磅礴力量,使"枫桥经验"从传统社会管理经验升级为现代社会治理经验,开启打造共建共治共享社会治理格局的新时代。新时代"枫桥经验"成为践行习近平社会治理理

论的光辉典范。另一方面,新时代"枫桥经验"为中国特色社会主义治理理论注入了强劲活力,推动其创新发展。比如,党的十九大报告将浙江桐乡创造的关于法治、自治、德治相结合的"三治结合"的新鲜做法吸纳到国家政策层面,从而将这一地方治理实践转化成中国特色社会主义治理理论的重要组成部分。恩格斯说:"一个民族要想站在科学的最高峰,就一刻也不能没有理论思维。"一个国家一定要有适合本国国情的社会治理理论,而这套理论的丰富发展又得益于社会治理实践创新发展。新时代"枫桥经验"作为基层社会治理的典型,其在实践上的创新为丰富和发展中国特色的社会主义治理理论提供了源头活水。新时代"枫桥经验"创新发展亟待升华为理论范式,成为中国化的治理理论特别是基层社会治理理论的重要组成部分。当前,学界逐渐重视对"枫桥经验"的研究,通过学理阐释,理论凝练而建构出了相关理论模型,这不仅对丰富和发展新时代"枫桥经验"具有重要意义,而且对形成具有中国特色的社会治理理论同样意义重大。

2. 实践层面:应对新时代社会治理新问题

党的十八届三中全会提出,推进国家治理体系和治理能力现代化是全面深化改革的总目标。转型期的中国正面临许多新的政治、经济、社会问题,将不合时宜的传统管理方式向现代化治理模式转变既是需求,也是目标。治理现代化是一系列的从高层到基层的纵深变化,做好基层社会治理是将现代化治理理念落实到实处的基础关键。党的十九大的召开,标志着中国特色社会主义进入新时代,社会发展面临的问题发生了重大改变,人民对于美好生活的需求以及对于自身价值实现的需求都日益增强,社会矛盾已经不再是单一的物质文化的短缺,而是人的多元发展的供给不足的问题。由此新时代的社会治理面临的社会问题更加复杂、棘手,例如,城乡发展和收入分配差距依然较大,群众在就业、教育、医疗、居住、养老等方面仍面临不少难题;社会文明水平尚需提高;社会矛盾和问题相互交织,全面依法治国任务依然繁重,国家治理体系和治理能力有待加强;意识形态领域斗争依然复杂,国家安全面临新情况;一些改革部署和重大政策措施需要进一步落实;党的建设方面还存在不少薄弱环节。"人民美好生活需要日益广泛,不仅对物质文化生活提出了更高要求,而且在民主、法治、公平、正义、安全、环境等方面的要求日益增长。"而"枫桥经验"在不断的实践与发展过程中,在不同领域形成了一系列关于基层社会治理的优秀经验,诸如社会治安、矛盾纠纷化解、乡村文化建设、企业治理、网络治理、环境治理等,促进了经济、文化和社会的发展进步,每个领域都可在枫桥找到实际例子和生动故事。同时形成了一系列社会治理方式,如村民自治、政社互动、协商共治、乡贤参与、组织承接、司法保障以及"互联网+"的治理方式。

"枫桥经验"来自浙江群众的实践创新,但早已超越了浙江的地域限制,成为全国基层社会治理领域的旗帜和标杆,展示基层社会治理现代化的实现路径。基层社会治理现代化,就是要坚持社会化、法治化、智能化、专业化的发展方向,坚持以人民为中心的治理理念,坚持自治、法治、德治"三治融合"的综合施治策略,构建共建共治共享的基层社会治理格局。"枫桥经验"作为经过实践反复证明了的农村基层社会治理领域可复制可推广的成功经验,对于推进基层社会治理现代化具有重要的引领示范作用。从某种意义上说,学习、创新和推广"枫桥经验"的过程,就是基层社会治理现代化的实现过程。

二 "枫桥经验"的创新内涵

1. 坚持党建引领

党建引领就是强调党在社会治理中的统一领导作用,将党的领导贯

穿于基层社会治理的各个方面、各个环节,发挥基层党组织的核心堡垒作用和党员的先锋模范作用。这些年来,我们充分发挥党的政治优势,始终把党的领导与"枫桥经验"基本精神紧密结合起来,贯穿于基层改革发展稳定各领域全过程,把党的基层组织作为创新社会治理的"主心骨",大力加强基层党建工作。枫桥等地党组织通过政治引领、思想引领、组织引领,组织群众、引导群众、凝聚群众、服务群众,把党组织的服务管理触角延伸到社会治理的方方面面,实现党委领导下的政府治理和社会调节、居民自治良性互动。

党建引领首先是政治引领,表现在基层党组织在上级党组织的领导下,坚持政治原则,贯彻中央政治方针和政治路线,把握基层治理的政治方向,确保基层治理不脱离正确轨道。坚持正确的政治方向至关重要,政治方向直接关系到基层社会治理的政治立场。政治方向是基层社会治理的指南针,是基层社会治理不偏离社会主义轨道的根本保证。政治引领要求坚定党的政治路线,必须始终坚持以马克思主义为指导,坚持以实践为根基探索和追求真理,不断推进马克思主义与中国实际相结合、与时代发展相一致、与群众诉求相协调,不断赋予马克思主义以中国特色、时代特色和民族特色,不断铸就马克思主义的新辉煌;坚持以人民为中心,时刻保持和维系与民众鱼水情深的联系,想民之所想、应民之所求,以党的优良作风和品格来赢得民心,以历史的伟大成就和胜利来巩固党的执政基础;坚持实事求是的原则,做事情注重将遵循事物发展的客观规律同人的主观能动性相结合,按照客观现实条件、时代发展潮流和民众利益诉求来办实事、办好事。

思想是本,行动是形,本正则形立,思想上的关口是最重要的闸门,思想"闸门"不紧,行为做派就会"漏风"。反过来讲,思想上的返璞归真、党性上的固本培元,可以激发起行动上勘误纠错、踏实奋行的自觉。基层党组织的思想引领是政治引领、组织引领的前提和基础。思想引领的关键是党员干部要把深化学习摆在首位，尤其是要把学习习近平新时代中国特色社会主义思想放在首位，认真领会核心要义，掌握精神实质，把其中的立场、观点、方法充分运用到基层社会治理工作中去，做到学而信、学而用、学而行，拧紧思想上的"总开关"，做真抓实干的模范。思想引领要求党员干部提高自己的思想素质，通过提高思想素质实现素质引领。这就要求每个基层党员干部必须坚定信仰，树立理想，树立正确的价值观念，提高思想认识、思想觉悟和道德水平。思想引领就是要以党员自觉引领群众自觉。要求每个党员干部在武装自己头脑的同时武装人民群众的头脑，引领人民群众从思想上参与基层社会治理，提高人民群众参与基层社会治理的思想素质，让人民群众真正成为基层治理的主人。

组织引领，指通过基层党组织、党的干部和广大党员，组织和带领人民群众共同推进社会治理。党的组织引领是政治引领、思想引领的保证，将党的政治引领、思想引领落到实处。基层党组织的组织引领能力决定了政治引领的强度，也决定了思想引领的高度。"枫桥经验"中党的组织引领首先表现在对基层治理工作的组织领导上。基层党组织坚持"以基层党建统领基层治理"，充分发挥自觉性和主动性，强化党群联动、干群联动，把党的领导体现在基层治理的最末梢。通过基层党委、党支部、党员三大主体，扩大基层党组织覆盖面，发挥社会组织、非公企业、非营利机构中党员的作用，建立党建工作站，将组织建设重点从强化纵向组织系统向强化横向组织覆盖转换，突出党组织横向融入、嵌入、整合功能，扩大党员服务覆盖面，拓宽党员发挥作用平台。其次表现在基层党组织和党员队伍的自身建设上。习近平同志强调："打铁还需自身硬。"共产党员是基层党组织的主体，基层党组织的引领作用必须扎扎实实地

落实到每一个党员带头参与基层治理的行动上。着力培养、选拔和配强基层党组织书记,不断增强其岗位的吸引力,提高主要干部的工资薪酬、福利待遇。通过基层党组织书记的带动,从整体上提高基层党员的质量,强化对乡村主要干部的工作监督,进而通过发挥基层党组织的战斗堡垒作用和党员的先锋模范作用,引领人民群众和社会各方力量广泛参与基层治理实践。基层党组织要加强自身思想、组织、作风建设,对贪污腐败、不作为、乱作为等行为零容忍,不断提高基层党组织的公信力。"枫桥经验"中党的组织引领还表现在坚持重心向基层下移、人员向基层挪动,密切党同人民群众的血肉联系上。比如,诸暨市在全市推行党员干部"一线工作法",实行乡镇班子成员包村、乡镇干部住勤、一般干部驻村、全体干部联户制度,全市驻村干部进村入户率达95%。通过重心下移,强化基层党组织对基层社会治理的统领,坚持把党的政治优势、组织优势转化为治理优势。

中国共产党领导是中国特色社会主义最本质的特征,是中国特色社会主义制度的最大优势,党是最高政治领导力量。坚持以党建为统领,充分发挥基层党组织的战斗堡垒作用,是坚持和发展新时代"枫桥经验"的根本保证,也是推进新时代"枫桥经验"制度化、体系化的核心。

2. 坚持以人民为中心

中国革命的胜利、中国建设伟大成就的取得以及中国改革发展伟大征程的开创,归根到底是坚持走群众路线的结果。一切为了人民,一切依靠人民,这就是我们党的十九大提出的坚持"以人民为中心"的发展理念。50多年来,"枫桥经验"之所以在以往的社会综合治理稳定维护中取得成效,毫无疑问就是靠人民群众的力量,从群众中来,到群众中去,充分发挥我们党的领导优势,把问题化解在基层,解决在基层。新时代"枫桥经验"做好社会治理工作,依然要靠群众的力量,以人民为中心,具体体现在一切为了人民、一切依靠人民、一切由人民评判。

一切为了人民,是乡村治理的宗旨所在,也是一切工作的出发点。中国共产党植根于人民、服务于人民,初心和使命就是为中国人民谋幸福、为中华民族谋复兴,而扎根基层、服务群众正是不忘初心、牢记使命的生动实践和集中反映。在乡村治理实践过程,村干部等基层工作人员要深入人民群众,经常走家串户,听取群众心声,了解群众需要,并以切实高效的行动让人民群众切实感受到自己的诉求有回音、利益有保障、安全有着落。浙江省诸暨市着力构建民情收集网络,畅通群众与政府的沟通渠道,时时掌握群众意见。乡镇(街道)基层党政班子采用"工作日门诊、不定期会诊、双休日出诊"的"三诊"工作法,建立民情收集第一渠道,强化综治工作中心功能,实现维稳、信访、司法、调解、流动人口等力量整合;村村建立便民服务中心、综治工作站,方便群众反映社情民意;实现"网格化管理、组团式服务"。建立健全领导联系基层和蹲点调研制度,着力完善领导下访和接访制度。坚持实施市、县领导接访日制度,每年选派年轻后备干部到村里担任指导员,开办12345市长专线电话、"市长信箱"。开辟"民情"新闻专栏,及时掌握社会各阶层的所想所盼,有效疏导群众情绪,不断增进党群、干群关系。建立党代表工作室、党代表约谈、党代表参与重大事项决策、重要人事安排等,充分发挥其在了解民情、关注民生中的作用。创建基层社会管理信息系统。整合咨询求助、城镇管理、举报投诉、报警求助等功能,让群众可以通过电话、网络反映问题,为矛盾纠纷解决、做好群众工作打下坚实基础。

一切依靠人民,乡村治理依靠谁?谁是社会治理主体?为谁提供更加充分的社会治理空间?这些问题在"枫桥经验"的实践经验中给出了非常好的答案。在2004年时,浙江省诸暨市店口镇有非常多的外籍人口,尤其是贵州遵义籍和江西永丰籍人口。而这些外来务工人员对当地

人普遍有不信任感。与业主发生纠纷时,由于语言、习惯等方面的障碍,双方很难沟通。因此,外来者组织应运而生,出现了不打工的专业"中介",专门组织外来老乡并召唤人参与打架斗殴、群体性恫吓以解决矛盾。面对这一矛盾问题,店口镇响应浙江省委省政府号召,探索建立了"外警协管外口"服务管理模式。"当时,针对贵州遵义籍和江西永丰籍两地外来人员相对较多的情况,我们邀请了两地民警进驻店口派出所,由外来人口的'娘家人'服务管理外来人口。"许栋海说。受到家乡人的帮助服务,该地区再没有发生群体事件。到2014年,由于"外警"工作期限届满,店口镇的外来流动人口管理问题又成了一大难题。这时人民群众的力量发挥了出来,一批由外来人口自主成立的"新店口人先锋队"的社会组织在新店口人党支部的指导下应运而生。店口流动人口服务管理也实现了由"外警协管外口"模式向社会组织自主服务管理的转变,就这样,人民力量在乡村治理中得到充分发挥。人民是决定党和国家前途命运的根本力量,群众是真正的英雄,在他们中间蕴藏着无穷无尽的智慧和力量。

一切由人民评判。当前中国人民对于美好生活的向往已由传统的"求生存"开始向"求质量"转向。通过在发展中顺应民心、尊重民意、关注民情以及保障民生,以显著增强人民群众的获得感和幸福感。因此,基层治理需要问政于民、问需于民和问计于民,治理是否有水平、有效果,主要由人民来评判。人民群众满意与否不是抽象的标准,更不是空洞的口号,是看得见、摸得着的。一方面,人民群众的感受和评判贯穿于整个基层治理的各个具体环节,他们是基层治理工作的最终评判员。基层干部做出工作规划前,要多听取人民群众的意见,在广泛的意见借鉴中不断改进思路。另一方面,基层治理水平可以通过第三方评估进行评价。各种治理的第三方量化评估就属于这类评估活动,把人民群众的满意度直接转化为量化评估指标,采取更为直观科学的方法对基层治理进行测量。这类评估活动也是"枫桥经验"的一种创新实践。随着大数据技术的应用,基层治理评估将会更加科学,并成为新时代"枫桥经验"的重要组成部分。

3. 坚持"三治融合"

在乡村治理中发扬"枫桥经验"就是要以自治为基础,以人民为中心,明确政府管理和村民自治之间的边界,将纠纷扼杀在自治的摇篮里;以法治为保障,保障村民自治的实现和社会的长治久安;以道德为先导和软约束,以德化民,培育善良风俗。自治、法治、德治"三治结合"源于基层实践,是"枫桥经验"创新发展的重大成果。它们之间具有严密的逻辑自洽性。

自治,本质上就是民治,即民主之治。"民事民议、民事民办、民事民管",就是民治、自治、自我管理,也就是人民共建共治共享。只有在自治基础上,才能形成人人有责、人人尽责、人人享有的社会治理共同体。同时,基层群众自治是我国社会主义民主政治的基本制度之一。新时代"枫桥经验"注重健全以群众自治组织为主体、社会各方广泛参与的新型社区治理体系,促进民事民议、民事民办、民事民管。让普通群众能够参与到与自己切身利益相关的事务处理过程中,百姓就能够直观地了解事件处理的流程,感受到获得感和归属感。"枫桥经验"强调群众自治应注意以下方面:

一是充分发挥基层群众自治组织的作用。如诸暨市枫源村就实行村民小组的自治模式,把村民分成13个小组,每个村民小组选出3~4名村民代表,再从村民代表中选出小组长。村民代表主要负责在全村的事务中维护和反映本小组村民的利益和诉求,而选出的小组长则需要切实地联系每一户村民,真正做到入户听取意见,并将此意见向上反映等。

村民小组在其范围内完成对大多数矛盾的调解工作。村民小组具有在地理上近便的优势,同时在人际关系上能细致地了解到实际情况。发挥群众自治组织的作用,关键要提升人民群众自治能力,这就要求明确界定党组织的领导权、政府行政权和居民自治权,完善人民群众行使民主权利的程序和保障制度。协商治理模式是提升人民群众自治能力的有益尝试。

二是完善村规民约和社区公约,打牢自治基础。村民自治和社区公约的实质就是把村民和市民组织起来,进行自我管理、自我教育、自我服务,实现自己的事自己做、大家的事大家办,共同办理好本村各项事务。村民自治章程和村规民约是以村民自我管理的方式,通过一套民主决策的程序制定出来的。2008年枫源村作为合并村(经济差异的自然村合并而成),面临着如何把几个原本分离的村子真正地融合到一起,不论是从形式上还是从村民内心,于是创造了群众事群众自己解决的"三上三下"①,该制度是枫源村对村务决策机制的大胆创新。2017年,枫源村在对村规民约进行修订工作时,就实行"三上三下"民主决策机制,28项条款,哪些要增删、修改,村干部们挨家挨户征求意见。村干部拟定草案,再向全体村民征求意见。随后,方案要重新修订,经民主恳谈会讨论、完善,再经党员审议,最后由村民代表投票表决通过才能实施。完善村规民约是一个广泛听取各方面意见和建议、集思广益、确保村规民约具有群众基础和生命力的过程。发挥公约民约治理的柔性、自律性、协商民主性、共同参与性、主体能动性等优势,在乡村和社区治理中发挥其自我约束和管理的作用,降低治理成本。

---

① 所谓"三上三下","一上一下"为收集议题,村两委会从群众中收集议题,并通过上门下访征求意见;"二上二下"为酝酿方案,通过召开民主恳谈会,对方案进行深入讨论,进一步完善;"三上三下"为审议决策,方案提交党员会议审议,经村民代表会议表决通过后组织实施。"三上三下"通过的事情,无论大小,印成一本册子,发放到每一位村民手中。

　　法治,即法律主治,与人治相区别,不同于将法作为单一的工具,而是将法的工具理性与价值理性相统一。"全面推进依法治国,基础在基层,工作重点在基层。"法治建设作为乡村治理工作的制度保障,也是监督治理主体的利器。在现代化的乡村社会,虽然村"两委"、村民、镇政府、社会组织等多元主体的协同治理给基层社会治理带来了很大的便利与成效,但也很容易造成治理主体混乱,治理职责不清,缺乏明确的指导者与领导者。并且,在"半熟人社会"的传统乡土社会的信任引导下,产生了腐败与贪污现象。村民作为治理主体缺乏专业化的知识与技能,单纯为利益驱使在乡村自治组织中获利,并为他人开了便捷之门。乡村社会治理体系错乱,需要法律的制定与规则的维护,并伴有完善的监督责任体系,完善法治下的治理体系建设。在乡村治理中,法治首先意味着对权力的规范与监督。基层政府、村"两委"以及其他村民自治组织,一方面需要合法赋予相应权力,在权力结构与组织资源上进行保障;另一方面,在治理过程中各主体都应该遵守国家法律法规,规范自身行为,接受党政机关和村民的监督。其次是对社会主义法治理念的宣传,社会主义法治精神的培育。自上而下的法治建设并不一定能够在乡村形成法治体系,缺乏规则文化的培育,再好的制度设计与法律法规都容易被搁置,重新沦为人治或发生权力的滥用。法治文化的培育除了需要对相关法律进行宣传教育,还需要培育规则文化,形成法治之下"法律至上"的精神。坚持法治宣传与法治实践相结合,将包括律师、志愿者以及社工组织在内的社会力量作为全民普法的生力军,充分发挥其主动性和积极性。

　　德治,即"以道德规范来约束人们的行为从而形成社会秩序的治理观念和方式"。与自治、法治不同的是,德治属于一种非正式制度、非强制约束的治理方式。在杨开道、费孝通等学者的研究中,我国农村有着

非常浓厚的"乡土文化",双轨制下的乡绅、宗族同样利用"德治"进行管理。"枫桥经验"强调的德治并不是简单对传统社会道德的倡议,更不是对腐朽落后思想的恢复,而是倡导以新时代下与中国特色社会主义现代化相契合的道德为基础,但又带有"乡土气息",区别于广义治理文化的社会治理精神。当前德治中,应从以下几个方面发挥作用,一是加强文化建设,弘扬社会主义核心价值观和中华优秀传统文化。枫桥地区对于文化建设有自己的独特的方式,最显著的是各种口号标语的宣传。如宣传社会主义价值观的:"价值观好活法,中国梦好日子""凝聚正能量,共筑中国梦"等;宣传优秀传统文化的:"尊祖敬宗,不忘根本,孝顺父母,一门和顺""以诚待人,人人敬""宽为荣,和为贵"等;宣传法治、培育法治意识的:"心中尊法,自主学法,办事依法,维权用法,诚信守法,和谐有法""尊法、学法、守法、用法,为你、为我、为大家""依法办事,事事成"等。这些口号标语涉及乡村生活的各个方面并且蕴含着丰富的以人为本、民主参与、和谐平安等的文化价值,潜移默化地影响着群众,从根本改变群众思想。而且,枫桥地区还通过建立文化礼堂,举行各种文化活动来让群众参与到文化建设当中。因此,提升德治效果、走"三治融合"之路要弘扬传统文化,充分发挥传统文化对德治的滋补效果。我们要不断挖掘传统文化中的优秀元素,强化村民思想道德建设,提升道德素养和道德水平,增强村民对风土人情和乡村社会的认同意识,逐步形成良好的乡村德治氛围。二是发挥乡规民约在德治中的作用,乡规民约既提升德治效果,又能与法治融合呼应,共同发挥治理社会的效应。乡规民约的制定及执行首先是在与法治不冲突的前提下进行的,因其在制定过程中因地制宜,吸收当地风俗,在具备针对性的同时也更显得通俗易懂;就执行而言,它对游离于法律与道德之间的行为有所规范,契合当地人情和道德伦理,在发挥道德教化作用的同时也发挥了一定的惩戒作用。三是提升德治作用,重视乡贤这一治理主体在基层治理中的作用。首先,乡贤作为才智与威望的共同载体,能够引导广大村民积极参与自治活动、激发村民参与基层事务的积极性,为自治制度塑造更好的环境氛围。其次,乡贤能够运用信望及才智调节及化解基层矛盾,维护乡村社会稳定。乡贤还可以以身作则,通过自身守法、用法的行为带动基层干部群众共同提升法律意识、塑造法治思维。如枫桥地区将"本村本土的老党员、老干部、道德模范、企业法人、'返乡走亲'机关干部、社会工作者、经济文化能人、教育科研人员以及在农村创业建设的外来生产经营管理人才"等乡村精英纳入新乡贤队伍。成立"乡贤参事会""乡贤调节团"等参与到乡村治理当中。

4. 坚持"四防并举"

人防、物防、技防、心防"四防并举"是新时代"枫桥经验"社会治理风险防控的重要手段,表现为在巩固深化人防、物防、技防的基础上增设心防手段。人防、物防、技防是防范安全风险的三个方面。所谓人防和物防,就是依靠我们常说的人力和物力维护社会的和谐和稳定,比如安排巡逻人员巡逻,安排保安人员站岗等,可以说人防和物防是传统意义上的安全防范措施,古往今来早就有之,也是我们做好安全工作的基础和必备。与此同时,随着科技的发展,安全防护工作中慢慢地引入技术力量,比如电子监控、电子防盗报警等。这些现代科技的运用,可以说取得了非常大的效果。然而,进入新时期,各种风险矛盾形式多样,仅仅依靠传统意义上的人防、物防、技防还是不够的,也会导致人力、物力和财力的浪费。要想从根本上去解决问题,减少或者杜绝安全问题、矛盾纠纷的产生,其根本还是要提高人的思想认识和能力素养,做到"心防"才是根本和关键,所以,坚持人防、物防、技防、心防相结合的"四防并举",提高预测、预警、预防能力,是"枫桥经验"在新时代的基本要求。"四防并

举"内涵有三：一是风险防控的源头视角，任何的风险均存在由量变到质变的过程。例如犯罪行为受环境、季节等外在因素变化影响，也受到个人遭遇、心理活动等内在矛盾或怨恨的累加，被动化的风险防控始终无法消除危险发生的可能，心防作为主动干预手段，针对容易引发群体性纠纷的事件，抓住要害，管住重点人，采取分层教育疏导、沟通思想、理顺情绪、晓以情理，把群体性事件解决在萌芽之中，可以有效控制诱发风险的源头；二是智慧治理的防控理念，人为的不确定性以及新时期社会关系游离分裂的状态，为风险防控增添了不少难度，为此搜集整合海量信息，建立以大数据为支撑的风险研判处置系统以及"危险因子"数据跟踪衔接机制则是今后一个时期的努力方向；三是建立治安信息网络，实行敏感信息即时报，健全比较完善的维稳信息预警体系，使不稳定因素和苗头性纠纷及时被掌握，并有效化解；四是综合运用的防控方式，社会不平衡不充分的发展现状导致风险潜藏在各个领域，复杂程度、防控需求大大提升，单凭某个防控方式是无法有效彻底解决的，故而应将四项防控手段综合应用，形成共防共治的风险防控合力。

5. 坚持共建共治共享

共建共治共享，是新时代"枫桥经验"创新发展的基本格局和必然走向。在党和政府服务和引导的基础上，人民群众共同参与社会建设、共同参与治理活动，并共同分享建设治理成果。在党的十九届四中全会上，"社会治理共同体"作为关键词被提出，其核心就在于"共建共治共享"和"人人有责、人人尽责、人人享有"。打造共建共治共享社会治理格局，是习近平社会治理理论的重要内容，也是内含共同建设、共同治理、共同享有等三重意蕴。

作为共建共治共享之首的共建是实现社会治理现代化的前提和基础，它位于社会治理主体维度，对应于"党委领导、政府负责、社会协同、公众参与"的社会治理体制创新,描述了"人人有责"的实现方式,是"以人民为中心""坚持人民主体地位""促进人的全面发展"等理念在新时代的深度阐释,重点回答了"社会治理依靠谁"这个首要问题。"共建"即"共同参与社会建设",是在党委领导、政府负责的前提之下,充分调动各类社会主体力量自觉参与到社会建设中来,通过民主协商合作,充分发挥各自在社会治理中的优势和作用,进而实现社会治理主体的多元协同状态,提升社会治理的成效。要实现共建首先应加强党组织的领导,强化政府的责任意识,引导各治理主体共同参与社会建设以及治理。其次是充分发挥群众、社会组织、新乡贤这些主体在治理中的优势,吸纳多元主体参与,听取各方意见,照顾各方利益,通过优势互补,形成最大公约数。最后在治理过程中,要加强党委的领导和统筹谋划能力,将创新乡村治理纳入对党政干部考核指标中;要改变基层政府包揽社会治理事务的传统做法,向公众开放更多资源;要积极培育乡村社会组织,激发其活力;要搭建治理平台,拓宽村民参与乡村公务事务治理的渠道,形成齐抓共管的社会共治局面。

共治,位于共建共治共享的中坚位置,是帮助多元主体实现社会治理现代化的方式路径,对应于社会治理体系中的"民主协商、法治保障、科技支撑"等治理手段。党的十八大首次提出在社会管理体制中增加法治保障的新方式,随着社会力量成长、公民意识觉醒以及信息化建设加快,党的十九届四中全会又新增民主协商和科技支撑的新路径,意图提升社会治理方式的精细化程度和民主化程度,回答了"社会治理怎么办"这一问题。共治强调治理路径现代化,是促使社会管理真正转化为社会治理的重要桥梁。首先是建立相关机制,实现乡村社会矛盾的早发现、早预防、早解决。在乡村推广使用大数据、云计算等信息技术,探究引发社会矛盾的源头和根本性问题,提高社会矛盾的发现和预警能力,对高

频高发的如征地拆迁、坐地涨租等社会问题积极响应和解决。其次是在乡村社会建立重大事项社会风险评估机制。对关系村民切身利益的社会重大事项，要提前评估其可能带来的社会风险，提前了解民意，争取获得村民的理解和支持，预防不必要的社会矛盾，然后是在乡村社会建立健全利益表达和协调机制。由于社会阶层、价值观念的不同，村民的利益诉求也会因人而异。面对不同的利益诉求，要健全利益表达和维护机制，置之不理、压制诉求、敷衍了事不仅得不到群众认可，还会激化矛盾。最后是提高乡村社会治理"四化"水平，通过提升村民自治能力和水平，以法治思维和法律手段解决矛盾和纠纷，运用现代信息技术进行精准治理和服务，建设专业化社会治理人才队伍等方式促进乡村社会治理社会化、法治化智能化、专业化。

共享，是社会治理现代化要实现的目标，对应于社会治理体系对个人、社会、国家三个层面的目标设定，即"确保人民安居乐业、社会安定有序，建设更高水平的平安中国"，回答了"社会治理为了谁"的问题。共享是中国特色社会主义的本质要求，是共同富裕在新时代的阶段性演绎，核心即公平正义。实现人民共享，就是要重视社会的公平正义问题，特别是要加强对弱势群体的保护，满足村民的美好生活需要，让村民共享改革发展的成果，留住乡村建设人才。因此，一是要加强农村社会保障制度建设。社会保障制度是社会的"稳定器"和"安全阀"，具有调解收入分配、缩小收入差距、促进社会公平等作用，它对于缓解社会矛盾、维护社会公平具有重要意义。兜住农村社会保障这条民生底线，也是预防社会风险的重要途径。由于城乡二元结构以及资源配置不合理等因素，农村社会保障存在覆盖面不全、保障水平低、保障项目少等问题，诸多农民面临着疾病、贫困、失业等社会风险，因此维护农村社会稳定，让人民共享发展成果必须加强农村社会保障制度建设。二是要完善农村教育、医疗、卫生等公共服务,努力解决群众生产生活中的问题,有效实现乡村社会资源配置的合理性,使群众日益多样化的需求得到满足。三是要大力发展乡村集体经济,经济基础决定上层建筑。通过建立土地收益共享、产业收益共享等多样化的收益共享机制,妥善安置村民,引导农民融入乡村现代化,让村民共享改革发展带来的成果。

第四章

"枫桥经验"在全国的探索实践

20世纪60年代,浙江省诸暨市枫桥镇诞生了"发动和依靠群众,矛盾不上交,服务不缺位"的"枫桥经验"。"枫桥经验"作为调解基层社会矛盾纠纷的典型方法,随着时代变化不断丰富发展,从单纯的矛盾纠纷化解、维护治安稳定,发展成为新时代基层社会治理的基本经验,浙江省诸暨市枫桥镇也成为基层社会治理学习的典范。

为推动更高水平的平安社会建设和加快推进社会治理现代化,全国各地积极学习和发展新时代"枫桥经验",着力打造具有本土特色的新时代"枫桥经验"。目前,新时代"枫桥经验"在全国各地区落地生根,迸发出蓬勃生机和巨大活力。

▶ 第一节　上海市奉贤区的"信访代理"新经验

一　上海市奉贤区概况

奉贤区位于上海市南部,东与浦东新区接壤,西与金山区和松江区毗邻,南临杭州湾,北与闵行区相隔黄浦江。全区行政区域面积733.38平方千米,耕地面积24 394公顷。境内水陆交通便捷,浦南运河横亘东西,金汇港纵贯全境。作为全国农村社区治理实验区,奉贤区全力推进生态宜居美丽乡村建设,不断探索共建共治共享的新模式,成功创建5个乡村振兴示范村、7个市级美丽乡村示范村、20个区级美丽乡村示范村,在坚持和发扬"枫桥经验"、促进乡村治理现代化方面做出了积极的探索和实践。

二 奉贤区农村社区治理实验

上海市奉贤区着力打造信访"家门口"服务体系,畅通和优化服务渠道,探索"有流程、可操作、能追溯"的信访代理制度,保证群众合理诉求进程序、有回应、有结果。目前,全区13个街镇建设了303个村(居民区)信访代理服务站和163个信访代理服务点,形成了"老百姓动嘴、代理员跑腿"的代理服务模式,不仅丰富了信访代理服务的内涵,也及时、就地解决了群众实际困难。

1. 全面深化"信访代理"服务

奉贤区柘林镇全面深化信访代理服务,积极探索"宅基信访"新经验,变"上访"为"下访",变"接访"为"走访",在镇上设立信访代理中心,各村和居委会设立信访代理站,各村民小组、宅基和居民楼组设立信访代理点,实现了信访代理"中心—站—点"三级梯度机构全覆盖,切实将信访工作触角延伸至群众身边,确保群众矛盾纠纷及时有效化解。

(1)"有流程"

信访代理制要有实效,"有流程"是基础条件。奉贤区柘林镇在探索中建立了明确的信访代理程序。凡属代理范围内的事项,代理员都应接受委托,填写专门的委托书,由信访者签名确认委托关系。经初步核实后,代理员及时逐级向信访部门反映情况。相关处理部门落实专人处理,认真调查,并按照规定的时限要求,向代理人反馈处理结果和意见,代理人第一时间答复信访者。

其次,奉贤区在代理员队伍的配备上坚持"社会协同、公众参与",打

造了一支村委会、居委会班子干部为主,退休老干部、乡贤、大学生村官、法官、律师为辅的代理员队伍,充分发挥人缘、地缘和专业优势开展信访代理。信访代理员根据群众诉求,第一时间介入,了解情况,辨明是非,加强矛盾双方理性沟通,及时调停纠纷,使得小微矛盾解决在初始阶段,从源头上减少了信访矛盾的产生。

(2)"可操作"

有流程,有依据,就可使信访代理制成为"可操作"的制度,减少随意性。为及时有效解决群众矛盾纠纷,奉贤区柘林镇强调,只要属于代理范围、群众提出代理需求的,一定要"有代必代、有理必理"。并针对不同群体设置特色服务点,有专门化解小区居民纠纷的居民之家,有发挥社区党员调解矛盾先锋作用的党员"微家"。此外,柘林镇在村委会、居委会办公场所以及生活驿站、"睦邻四堂间"等公共服务场所,进一步提供信访代理服务,便于群众及时反馈问题,整合资源,发挥民间调解功能。

(3)"能追溯"

有流程、可操作,让信访代理制在执行中"处处留痕",使之成为可追溯的制度。柘林镇信访代理强调首问责任制,对于符合条件的代理事项,不允许"可代可不代、可理可不理"。面对群众信访诉求,采用"2+2"矛盾诉求回应机制,2小时内要有回应,诉求复杂需要进一步沟通解决的2天之内要有答复。其次,可追溯有两个重要作用。一是可复核、可追责。只要信访者对代理事项的处理结果有异议,可以申请复查复核,直至解决矛盾、满意为止。另一方面,可追溯有助于将多元化、分散化的群众诉求进行同类项合并,找到共性问题,推动公共政策和公共服务的针对性优化。

2. 着力推行"乡贤+"治理模式

奉贤区基于"敬奉贤人,见贤思齐"的贤文化底蕴,积极探索"乡贤+"

乡村治理新做法,充分挖掘、引导乡贤等各类社会资源力量共同参与农村基层治理,展示榜样力量。目前,奉贤全区已建成66个乡贤工作室,为奉贤区建设城乡发展共同体、利益共同体注入了新动能。

(1)"乡贤+村干部",促进基层善治

乡贤作为农村基层治理的重要参与主体之一,积极配合村干部开展乡村"软治理",不仅积极有效地解决了许多农村"硬难题",也拓宽了政府治理与村民自治之间的"善治"渠道。"村民的事村民议、村民的事村民管",覆盖全区各行政村的"村民议事中心",被大家亲切地称为村里的"小政协",议事会成员由退休党员干部、辖区企业家代表等乡贤担任,凝聚了多元治理力量,从而乡贤成为调处矛盾纠纷的"老娘舅",实现了基层"补位、辅治"的柔性治理。

(2)"乡贤+项目",推动基层发展

奉贤区进一步提出,发挥企业及企业家的优势,参与村级治理工作。以乡情、乡愁为纽带,奉贤区在全区范围内遴选30个具有影响力的企业,与30个村开展结对共建,围绕农村社会治理创新重点工作推进"反哺工程",共建美丽家乡。为了确保企业参与村级治理的连续性和有效性,奉贤区建立健全企业参与村级治理的相关工作机制,由区委组织部牵头成立区级工作推进小组,通过分类指导,发挥结对双方的主观能动性,以项目化推进工作开展。2018年,奉贤区乡贤参与村级治理升级进入3.0版本。奉贤区委组织部研究制定《关于区级机关党组织、百强企业、乡贤助力村级组织建设推动乡村振兴的实施意见》,将资源和力量向农村倾斜,切实推进"三个一百"工程,助力村级组织建设,进一步引导健全自治、法治、德治相结合的乡村治理体系,推动奉贤乡村治理现代化建设。

奉贤区以项目化为抓手,凝聚乡贤骨干力量,助推农村建设发展,让

村民有实实在在的获得感。同时奉贤区建立健全乡贤参与村级治理项目库,从项目来源上实现精准对接。首先,该区依托"贤城先锋联盟"区域化党建平台发布服务项目,吸引在外乡贤人士回乡认领项目、参与治理。其次,该区通过分层分类设计项目载体深化项目内涵,积极引导乡贤主动参与"生态村组—和美宅基"创建、农村中小河道整治等,为农村"三块地"改革、集体资产保值增值出谋划策、搭建平台,为睦邻"四堂间"建设、农村文化团队建设加强扶持、提供服务等,助力基层全面发展。

(3)"乡贤+文化",引领乡风文明

奉贤区委深入挖掘乡贤文化,用嘉言懿行垂范乡里,用乡情乡愁感染村民,把乡贤文化打造成村级治理中不可或缺的精神力量。首先,区乡贤文化研究会依托各级乡贤组织,积极挖掘奉贤乡贤文化历史遗产,编撰乡贤名录等文史资料,用文化感召乡贤回归故里,发扬乡贤文化基因,传承好家风好家训。其次,奉贤区积极打造以乡贤为带头人的群众文化团队,培育多位乡贤善举典型,让身边人讲身边事,大力发挥乡贤示范引领作用。

此外,奉贤区委推出"东方美谷 风雨彩虹——圆梦行动在贤城"爱心集市,从群众最关心、最直接、最现实的"梦想"入手,通过党委引领、政府搭台、市场运作、社会参与,凝聚广大党员干部群众智慧力量,关注、解决人民群众的"急难愁""愿思盼"梦想。奉贤乡贤们满怀"公益反哺家乡"的热情,主动认领来自村民或农村集体的梦想,为普通老百姓圆梦,营造出浓厚的人人争做"贤人"的文化氛围。

上海市奉贤区通过积极探索"宅基信访"新经验,全面深化有流程、可操作、能追溯的"信访代理"服务,变"上访"为"下访",变"接访"为"走访",创新了基层群众矛盾纠纷方法,实现了群众矛盾纠纷及时有效化解。其次,奉贤区通过学习和借鉴新时代"枫桥经验",着力推行"乡贤+"

治理模式,拓宽了多元主体参与乡村治理渠道,为基层乡村治理注入了新动能,进一步推动了乡村治理现代化建设。

第二节　河北省香河县的农村网格化管理

一　河北省香河县概况

香河县地处华北平原北部,隶属河北省廊坊市,四面与京、津接壤,素有"京畿明珠"之美誉。全县幅员448平方千米,辖300个村街,总人口37.6万。香河正处于环渤海经济圈的核心腹地、京津"一小时经济圈"的黄金节点,地理优势得天独厚。近年来,香河县积极践行新时代"枫桥经验",健全社会管理和服务机制,推行农村网格化管理,提供精准化、精细化服务,连续4届被中央综治委授予"全国社会治安综合治理先进县"称号,荣膺全国平安建设"长安杯"最高荣誉。

二　香河县的农村网格化管理

香河县为深入推进现代化社会治理体系建设,加快构建共建共治共享的社会治理格局,积极探索实施网格化社会治理模式,整合各方资源,调动多方力量,着力构建基层治理"全科网格",打通服务群众"最后一公里",努力实现便民服务全覆盖、全天候、全方位。

1. 平安一张"网"

香河县以镇为单位,按照全县300个村街、14个社区位置、人口数量及分布,以镇分区、以村(社区)分片、以户分网格,科学设置三级管理网格模式,形成一张层次分明、覆盖全面的服务网络。一级网格以片区为

主体,按辖区内村街数量,将每个镇划分为2至5个片区,片区总支书记任网格长。二级网格以村街为主体,包村干部为网格联络员,村书记、村主任为二级网格长。三级网格以户为主体,根据村街实际,灵活进行划分,由村"两委"干部、党员、村民代表、入党积极分子、热心群众等担任网格长或网格员。目前,全县共划分网格1 300余个,共有网格管理员3 000余人,形成了"村内有网、网中有格、格中定人、人负其责"的工作格局。同时,为更好地发挥党组织在服务基层、服务群众中的领导核心作用,配套三级网格,同步建立起"片区党总支+村街党支部+网格党小组"新型党建工作模式,并建立定期协商、专题研讨、共同组织开展党组织生活等机制,解决网格内群众关注的热难点问题。

2. 人在"网"中走

村街网格化管理是完善和畅通社会治理的末梢神经,网格员的工作实际上就是一种"精细化"日常管理,小到邻里纠纷化解,大到安全隐患排除,都要在"常"和"长"二字上下功夫、见成效。因而,香河县分类推进网格划分,坚持建机制、定职责。

一是制定执行"常态走访、挂牌示岗、痕迹管理、总结调度、检查评比"五项工作机制,明确网格管理工作流程,确保网格全天候规范运转。遍布村街、企业、社区的网格管理员,走家串户入企,活跃在田间地头,察民情、访民意、解民忧、稳民心,织密纵向到底、横向到边的群众工作网络。如五百户镇是香河县蔬菜生产专业镇,全镇6.4万亩土地中蔬菜种植超过4万亩,有"蔬菜之乡"的美誉。网格员反映田间路难行、地难浇,制约了蔬菜产业的发展,五百户镇根据群众意愿,整修田间道路80千米、新打机井86眼、新装变压器30台,铺设防渗管道20 000多米,26个村街的菜农直接受益。

二是网格长实行"一岗双责",既参与村务管理,也要承担一个网格具体事务,主要职责是"四处理一报告",即处理网格内信访隐患,处理网格内安全隐患,处理网格内村民(业主)需办事项,协调其他网格长共同处理网格间问题,定期向村"两委"报告网格整体动态和村务工作建议。网格员主要做到"三清四查两化解",即清楚各户底数、清楚村民(业主)需求、清楚存在隐患,日常查卫生、查安全、查治安、查隐患,及时化解邻里纠纷和信访隐患、及时化解并上报安全隐患。

此外,为了更好地满足群众需求,解决基层矛盾纠纷,全县3 000余名网格员坚持做到"四必到、三必报、四必访",即网格内出现突发事件、意外事故、邻里纠纷、红白喜事等必到,网格内出现不稳定因素、安全隐患、公共设施损坏等必报,对困难家庭、失业群众、特殊群体、外来务工人员必访。截至目前,该县镇村两级先后为群众办理实事980余件,化解矛盾纠纷、安全隐患55起,真正实现了小事不出村、大事不出镇,矛盾不上交。

3. 事在"格"中办

香河县为了实现群众间信息的有效互联互通,及时解决群众操心事、烦心事、揪心事,依托网格化建设基础,开发了"长安香河"微信公众号、"平安香河"公众版APP、"综治信息系统"专业版APP。同时,搭建了"群众说事、干部解题"县、镇、村三级综合治理服务平台,基层群众可以通过香河县社会治理信息系统上传"说事"信息,镇综治中心进行"接单",并通过"干部解题"功能模块"派单"到相应网格平台网格员、网格长或相关职能部门,并在线上跟办督办,完成"工单"后,系统自动将解决结果流转到综治中心,继而反馈给群众,从而完成一次"解题"。截至目前,香河县成功化解各类纠纷2 133起,解决问题3 308件,实现了小事不出村、大事不出镇、矛盾不上交。

其次,香河县组建以县群众工作委员会和县群众工作中心为龙头、

镇群众工作中心为纽带、村街群众工作室为基础、村组楼门群众工作组为前哨的四级网格数字管理系统,统一录入网格内的人、地、物、事、组织等各类信息,实行联网式动态管理,特别是对重大矛盾、安全隐患、特殊人群、孤寡老人等重点服务对象,实现全天候跟踪、掌控,扎实做好群众工作。此外,在网格长、网格联络员中大力推行"六办"工作法(领着办、代理办、上门办、预约办、联网办、延伸办),镇村两级累计办理、代办群众事项3.8万件,真正给群众提供了实实在在的便利,打通了服务群众"最后一公里"。

▶ 第三节　福建省福清市的乡村治理实践

一 福建省福清市概况

福清市位于福建省东部沿海,地处福建省海峡西岸经济区中部枢纽和省会中心城市福州南翼,素有"文献名邦"之称誉。全市总面积2 430平方千米,其中陆域面积1 519平方千米,海域面积911平方千米,下辖7个街道17个镇,设立59个社区438个村。近年来,福清市立足市域特点和地区实际,借鉴发展"枫桥经验",不断完善矛盾纠纷多元化解机制,努力打造具有本土特色的"福清治理品牌",为市域社会治理现代化试点工作贡献着福清经验。

二 福清市的乡村治理实践

1."村民说事评理室"

有苦衷委屈就来"说事评理室",有难事急事就到"说事中心"。

首先,福清市江阴镇以下石村为试点村,挂牌设立"评评理,说句公道话"村民说事评理室,通过群众说、群众评、群众议的方式,引导群众讲道理、说实话、守规矩,合法合理反映身边的焦点、热点、难点问题。说事评理室成员主要由乡贤促进会成员代表、党员代表、村民代表、离退休干部、退休老教师等组成,说事评理坚持定点定时说事和及时议事相结合的原则,固定每个月举办1个以上"说事评理日",让群众就所关心的利益诉求和矛盾纠纷充分发表意见,并且由说事评理小组成员收集议题。"说事评理日"当天,由村党支部、村委会干部邀请说事评理室成员、镇综治、镇纪委等相关职能部门人员参与评理,就村民群众提出的问题、矛盾、纠纷进行面对面交流,确保及时解决群众实际难题。

其次,福清市一都镇创新信访纠纷化解方式,建立"村民说事中心",通过"把脉"群众烦心事,搭建起党群关系"连心桥"。"村民说事中心"实行限时办结制度,在接到群众反映的问题时,要当场进行登记,分类处理。现场能够办理的,工作人员要在第一时间办理完结;涉及多个部门、一时无法办结的,要向信访群众说明原因、建好台账、及时汇总上报。同时,镇村负责人要及时跟踪,定期回访说事村民,并对村民"说事"进行结案,梳理归类,总结经验,做到"息访一件,总结一件"。而对政策不允许或没有政策规定的诉求问题,工作人员要明确告诉信访人,同时做好政策解释等工作。同时,各村(居)还成立了专门的说事人队伍,成员主要由村干部、专职调解员及有威望的村民等组成,实现了镇—村间的联动,确保"小事不出村,大事不出镇,将矛盾化解在萌芽状态"。

2."乡贤调解室"

福清市作为全国著名侨乡,拥有丰富的乡贤、侨贤资源优势。为创新基层治理模式,福清市以乡情、乡愁为纽带,在全市各村(社区)成立乡贤促进会494个、设立503个"乡贤调解室",广泛吸纳各级人大代表、政

协委员、热心公益事业且有一定经济实力的企业家、有道德声望的老同志或村民、有影响的海内外贤达等各领域优秀的人才，通过乡情、亲情和真情化解基层矛盾纠纷。

福清市沙埔镇龙洋村由于人口相对较多，基层群众矛盾较为突出，为有效缓解群众矛盾，鼓励乡贤参与乡村治理，挂牌成立了福清市首家"乡贤调解室"。乡贤调解室广泛吸收劳动争议、土地权属纠纷、医疗纠纷等领域的乡贤专家参与群众调解工作，并通过上门化解、包点化解、联动化解的方式，及时协调、劝导矛盾纠纷双方。乡贤凭借自身"地熟、人熟、事熟"和群众信任的优势，大大提高了矛盾纠纷调解成功率，有力助推了基层治理现代化建设。

其次，福清市充分发挥"一站式纠纷多元化解中心"调解功能，推进人民调解、行政调解、司法调解"三调联动"，对矛盾纠纷实行"一站式受理、一条龙服务、一揽子解决"，有针对性化解相关行业、专业领域矛盾纠纷，并新聘多名特邀调解员，建立特邀调解工作机制，探索律师参与化解涉诉信访模式，极大地提升了矛盾纠纷调解成功率。同时，福清市不断培育品牌调解室，目前已在音西、江阴、三山、渔溪、海口等5个镇（街）成立以个人命名的金牌调解室，其中庄春松调解室获"福建省金牌调解室"称号。

福清市通过"说理"，为群众搭建了一个"有理能评、有苦能诉、有法能讨、无理难行"的说事评理平台，让群众在村里就能够将所反映的事情或矛盾纠纷说清楚、搞明白，将矛盾调解在一线，把纠纷解决于萌芽之中。乡贤调解室作为福清市创新矛盾纠纷多元调解机制的探索之一，得到了群众的大力拥护，基本实现了"小事不出村、大事不出镇"的治理目标，成为助力乡村"治理有效"的一股新生力量。

第四节　淮北市濉溪镇的乡村治理实践

一　淮北市濉溪镇概况

　　濉溪镇隶属于安徽省淮北市濉溪县,在溪河入濉之口,坐落于县城,近邻淮北市区,在苏、鲁、豫、皖四省交接处,区位优越。近年来,融入"五大发展美好安徽"建设进程新时代下的濉溪镇,坚持和发扬"枫桥经验",不断探索共建共治共享的新模式,推动濉溪镇高标准高质量发展,先后荣获全国乡村治理示范镇、安徽省"小个专"党建工作示范街(区)、安徽省电商进农村全覆盖示范镇,为加快建设经济强、百姓富、生态美的新时代美好淮北贡献濉溪镇的智慧和力量。

二　濉溪镇的乡村治理实践

1. "三谈一评"

　　濉溪镇为进一步打造"全国乡村治理示范镇"品牌,持续提升乡村治理成效,切实提升人民群众的获得感、安全感、满意度。濉溪镇在实行"三团便民"的基础上,结合乡村治理矛盾纠纷的新变化和社会治理的新特点,大力发扬新时代"枫桥经验",深入推进"三谈一评",探索"1+5"(党建+自治、德治、法治、智治、心治)的治理模式,不断夯实乡村治理基础,创新社会治理手段,形成规范有序、和谐稳定、充满活力的乡村治理新机制。

　　"三谈一评"即以"群众谈事、政法谈法、乡贤谈德、部门联评"为主的矛盾纠纷多元化解新机制。濉溪镇以镇派出所、司法所以及村干部、老

党员、老教师、群众代表等新乡贤，会同村调委会人员，共同组成"三谈一评"矛盾纠纷联合调处会商"超市"，面向群众公开公示，调解员由群众"点单"、会商"超市"人员"接单"、矛盾纠纷双方当事人"评单"。"三谈一评"这一矛盾化解新机制的实施，使濉溪镇内农民群众发生矛盾纠纷能够通过联合调处会进行及时调解、解决，实现了"小事不出村、大事不出镇"。

此外，濉溪镇蒙村每月26日定期开展蒙村广场恳谈会（见图4-1），通过广场恳谈会的方式，主动倾听、征求村民意见和建议，了解和掌握村民需求和呼声，畅通村情民意，与群众面对面、心连心，主动把矛盾化解在基层，切实把问题解决在基层，消除在萌芽状态，构建了乡村治理的新格局。

图4-1　濉溪镇蒙村广场恳谈会

2. 坚持发展"党建+"治理模式

为了坚持和发扬新时代"枫桥经验"，濉溪镇在乡村基层治理中，不断探索共建共治共享的新模式，坚持发挥基层党组织战斗堡垒和党员干部先锋模范作用，以"强组织、建项目、抓产业、富群众"为抓手，积极探索"党建+"的乡村振兴模式。

濉溪镇全面推行"支部+合作社"党建新模式,成立融合发展联合体,通过科技培优推出了一批省优绿色、特色农产品。同时注重充分发挥致富能手的优势,利用地处近郊的有利条件,借助乡村旅游发展的春风,形成了独具特色的采摘休闲农业,在产业发展中带头示范,不断引导村民增强致富能力。示范区各成员村先后培养棚膜蔬菜种植、食用菌种植、"两薯一菜"种植、乡村旅游等项目致富带头人15名,辐射带动周边农民就业100余人,有效提升了种植、营销及农旅产业水平和融合发展的新动力,壮大了村级集体经济,融洽了干群关系。此外,濉溪镇实施"党建+整治",致力于推动农村人居环境整治全面提升。该镇积极筹划,严密落实各项措施,清理河道巷道、整改旱厕、修建围栏、宣传教育等多项举措齐头并进,在"整治"上下功夫,在"长效"上做文章,在"创新"中出实招,全力推进农村人居环境整治常态化,在全镇形成了"讲文明、树新风、美环境、促发展"的良好氛围。

淮北濉溪镇通过坚持和发扬"枫桥经验",不断探索共建共治共享的新模式,创造出了"三谈一评"这一乡村治理新机制,实现了从"做群众工作"到"由群众做工作"的巨大转变。其次,濉溪镇坚持党建引领,以"强组织、建项目、抓产业、富群众"为抓手,积极探索"党建+"的乡村振兴模式,激发了乡村治理的新动能,探索出一条乡村治理的新道路。

▶ 第五节 广德市乡村治理的"东亭实践"

一 广德市东亭乡概况

东亭乡位于广德市东南部,地处皖、苏、浙三省交界,面积98平方千

米,辖区内5村1社区,人口2.2万。近年来,东亭乡以党建"四个一"工程为统领,全力践行新时代"枫桥经验",坚持"三亮、三抓、三推、三聚焦",创新实践以党建为引领、自治为基础、法治为保障、德治为先导的"党建+三治融合"基层治理新路径,全乡整体呈现出"三降三无两提升"的良好态势(治安案件、矛盾纠纷总数、信访总量下降;无政治安全事件、无重大群体事件、无进京到省访;群众安全感和满意度上升),连续3年保持"三无乡镇"良好态势。2019年荣获"全国乡村治理示范乡镇"。

二 广德市东亭乡的"东亭实践"

1. 坚持党建引领,锻造"三治融合"主心骨

(1)干部亮责承诺

东亭乡积极发挥党组织战斗堡垒和村书记"领头雁"作用,公开村干部主职主责,激励干部践行承诺,端正服务态度,改进工作方法。在每月主题党员活动日中,党员干部必讲中心工作、必听意见建议;两委必讲得失、必听评议评价,激发干部履职尽责的内在动力。2017年,东亭乡率先推行"红色基点"党小组之家建设(见图4-2),通过化整为零,最大限度发

图4-2 广德市东亭乡党小组谈话

挥党员在疫情防控、文明创建、防汛防台和乡村振兴等急难险重工作中的先锋模范作用。

（2）先锋亮分比拼

东亭乡开展以评比促担当,每月晾晒党员干部、村民代表及网格员等在慰问帮扶、移风易俗、诚信指数、遵纪守法、志愿服务中的评分。日常积分可至新时代文明实践站所兑换日用品,年终积分汇总后,作为评选"最美东亭人""星级文明户"的依据,并将党员个人积分纳入每季度"闪光言行""先锋指数星级考评"。

（3）全民亮相参与

东亭乡设立"民情沟通日",成立"东亭干群一家亲"微信群,组建6支志愿服务队,跟踪收集村民关注问题和建议,听民意、解民困。由村民对村干部每日进行"微点评"、对发现的问题进行"微治理"。例如,颂祥村"老大难"熊某某,曾因土地纠纷多次上访,总认为政府是站在村里角度处理问题,矛盾迟迟难以化解。该村"平安之家"党小组得知后,专题召开党小组会议,邀请年龄大、资历老、对争议土地熟知情况的村民到现场进行指认和公证,众口一词之下,熊某某认识到自身错误,主动让出侵占土地。事后,该地村支部考虑其收入低、身体状况差,从人文关怀角度安排他参与村级卫生保洁工作,他现已转化成为文明创建的中坚力量。

2. 坚持自治为基,架起"三治融合"连心桥

（1）抓实民事民议

东亭乡积极探索村民自治实践,坚持把村里的事交给村民自己议、自己定、自己干。实行村组干部例会和村民说事日制度,每季度村"两委"把村民组长、村民代表召集在一起通报工作情况、宣传方针政策、收集社情民意,通过村干部问事、村民说事、"两委"议事、及时办事,提升村民参与村级事务、定纷止争的主动性和积极性。如沙坝村村民自筹、自

商、自管建设的2.2千米下严路,村民开始启动商议时分歧较大,但通过大家广泛的协商,很快达成了一致的意见。

(2)抓好民事民评

针对群众关注期盼的道路、水利等基础设施建设和低保、危房改造等社会保障两类项目,东亭乡在全省率先探索推行村级项目民主决策评议机制。各村(社区)建立民主决策评议项目库,由村"两委"成员、监委会成员、村民组长、村民代表、党小组长等组成评审会,通过民主评议打分,确定项目实施的村组和先后顺序,并制定了"自愿申报、现场勘察、公开评审、综合评分、社会公示"等规范程序,集中体现了民智、民意、民心。

(3)抓牢民事民管

东亭乡全面加强农村群众性自治组织建设,全覆盖推进村规民约和民主议事会、道德评议会、禁毒禁赌会、红白理事会、乡贤参事会等"一约五会"制度建设。将科学不迷信、垃圾不落地、畜禽不散养、用餐不浪费等身边事写进《村规民约》,由党员带头执行、支部全程监督,成为村民日常的"硬规范"和"软约束"。

此外,东亭乡特别注重发挥乡贤在农村社会中价值引领、道德教化、文化传承、促进发展等方面的作用,解决了许多"法律管不到、村规管不了、干部管不好"的问题。例如,广德市首届道德模范、乡贤傅德兵在村组道路修建过程中,对于极少数不配合征地、向村里发难的村民,不仅主动上门现身说法,还自掏腰包垫资160万元,保障了征地清表工作有序推进,同村村民感动中带着羞愧,无条件积极配合,他的先进事迹和奉献精神在当地传为佳话。

3. 坚持法治保障,夯实"三治融合"压舱石

(1)推进依法确权

东亭乡建立农村"小微权力清单",围绕规范村级事务小微权力,着重梳理村级组织和村干部在村级重大事项决策、资产资源处置等12个方面的28项小微权力,编制农村小微权力规范运行流程图,有效推进了村务工作的阳光操作。

(2)推动廉洁用权

东亭乡坚持公开公平公正原则,引导村级干部在各项工程建设和重大事项部署时,开展合法合规性论证。东亭乡出台《村级"三资"管理办法及责任追究办法》,坚持每年年初对所辖村上年度资金财务进行审计,并向村民代表会议通报,不断推进村级账务规范管理。同时,加大执纪问责力度,严肃查处发生在群众身边的不正之风和腐败问题。以"工程霸""市霸""资金霸"等"三霸"为重点,深入开展扫黑除恶专项行动。

(3)推深引导维权

东亭乡加大普法宣传工作,建立乡、村两级法律顾问队伍,配齐村级法治副书记,大力推进"法律进乡村"和"民主法治示范村"创建工作,选配2名人民调解员,做到调解工作力量下沉、关口前移,该乡群众依法表达诉求、依法维护权利意识得到了切实增强。其次,东亭乡培养由党员、村民组长、法律顾问和乡贤等组成的"法律明白人",每周到村轮值坐班,参与村级事务管理和集体决策,对重要合同"诊脉把关",帮助村民"依法维权",实现矛盾纠纷化解"只进一扇门""最多跑一地"(见图4-3)。如颂祥村对村民反映的问题,建立"一案一策",推行"三事分流"(即对"小事"现场解决,"大事"协调会商,"难事"专题研判),实行销号管理,确

图4-3 广德市东亭乡法律顾问进行矛盾调解

保事事有人管、件件有回应。

4. 坚持德治教化,当好"三治融合"润滑剂

（1）聚焦移风易俗

东亭乡针对村民关注的"宴席泛滥""厚葬薄养"等问题,在全省率先实施以烟花爆竹禁燃禁放、红白喜事简化简办为主题的"两禁两简"移风易俗行动,有效遏制了人情攀比、厚葬薄养等不良风气,仅在烟花爆竹支出上就为群众家庭节省近万元,赢得广大村民的普遍认可。东亭乡大力培育倡导新乡风,喜事新办、丧事简办蔚然成风。2019年春节,作为全省首个禁放乡镇,典型事迹在《安徽日报》头版进行了专题报道。

（2）聚焦文明实践

东亭乡围绕创建全国文明城市,组织开展"红色星期六""非遗传文明""耆乐融融""桐童故事汇"等新时代文明实践活动320场,在党员和志愿者的带动感召下,村民的"主人翁"意识充分激发,纷纷主动参与到文明创建工作中来,实现了从"站着看"向"让我来"的转化。东亭乡也成为广德市唯一连续三年接受全国文明城市测评的乡镇。

（3）聚焦示范带动

东亭乡开展立家规、扬家风、传家训活动,用"好家风"推动"好民风""好村风"。旗帜鲜明选树表彰"最美志愿者""最美庭院"和"道德模范""移风易俗好人"等先进典型280余人次,并将先进事迹写入乡党性教育和文明实践展厅,融入"好人一条街",营造出尊崇好人、致敬好人、学习好人的浓厚社会氛围。

广德市东亭乡以"打造共建共治共享的社会治理格局"为指导思想,学习和借鉴新时代"枫桥经验",创新村（社区）治理模式,推动群众依靠法治、信赖德治、共享自治,三治融合效果彰显,有利助推基层治理体系和治理能力现代化。

第六节 滁州市光华村的"村规民约"

一 滁州市光华村概况

光华村地处滁州市杨村镇西北部,距离镇区约5千米,光华中心村是在2009年结合土地置换,由拆迁农户安置点发展形成的新小区。该村是一个集现代农业、新村建设、配套改革"三位一体"的综合示范新村,也是皖东地区第一个成立党支部的村,被称为"红色光华"。近年来,在实施乡村振兴战略的大背景下,光华村积极发挥红色精神资源优势,通过采取党支部示范带头加乡贤理事会管理的方法,坚持"让村庄更文明,让群众更幸福"的发展理念,以红色文化为引领,以股改试点为动力,以培育文明乡风为抓手,多措并举建设美丽乡村。2021年1月1日,光华村被认定为2020年度安徽省美丽乡村重点示范村。

二 光华村乡村治理实践

2016年,针对农村出现的公共环境脏乱差、大操大办盲目攀比等社会"顽症",光华村党支部以重修村规民约为抓手,使得村民对自身和他人行为的"是"与"非"有了更加客观的判断。为确保新修订的村规民约扎根群众、落到实处,光华村党支部利用村组微信群发布修订征求意见,带领党员代表、群众代表走院落、入农家,紧紧围绕村民关心的公共环境卫生、公共基础设施、公共道德、家庭美德、集体资产处理等热点问题,认真广泛听取村民意见建议,详细记录群众诉求想法。让村规民约与社情民意紧密结合,通过"三上三下"的工作步骤,动员广大村民积极参与村

规民约的修订完善,使其具有规范的制定程序。

"三上"是指:由村党支部拿出村规民约初稿,上村"两委"班子会议,上村党员大会,上村民代表会议,听取全体党员和村民代表的意见建议。"三下"是指:将三次会议后修改完善的村规民约初稿下发给村组干部初步审议,修改后下发给全村党员,再次完善后下发给村民代表签字同意,村党支部以村民小组为单位,组织村组干部入户宣讲,经三分之二以上户代表签字同意后定稿实施,并报乡镇党委备案。

《光华村村民文明公约》涉及社会治安、村风民俗、环境卫生、邻里和谐、婚姻家庭等方面(见图4-4),光华村把村规民约的制定和实施过程,变成发扬民主的过程、自我教育的过程、党群互动的过程,保证群众的主人翁地位。"遵规光荣、违约可耻"的良好舆论氛围在光华村逐步形成,农民群众生活幸福感也不断提高,切实提升了当地基层民主自治水平。

<figure>
光华村村民文明公约

党的方针要牢记,遵纪守法莫乱为; 尊老爱幼不能丢,助人为乐是美德;
计划生育是国策,优生优育出新人; 家庭和睦幸福多,互帮互助困难少;
崇尚科学争先进,莫信邪教莫迷信; 健康活动多参加,不良习惯需改变;
辛勤劳动是捷径,好逸恶劳终受贫; 杂物垃圾莫乱放,公共卫生讲文明;
红白喜事节俭办,陈规陋习要根除; 村容整洁人心畅,环境优美显光华;
集体义务应履行,公差勤务要完成; 美好乡村齐建设,幸福生活尽绵长;
事事多为他处想,莫要自私争蝇利; 文明公约大家订,谨记恪守力践行。
见义勇为扶正义,诚实守信乃本分;
</figure>

图4-4 光华村村规民约

1. 党建引领夯实基层组织

光华村坚持党员带头,乡贤引导,实行"党员积分制"管理,党员干部带头践行村规民约。根据党员具体情况,分类制定合格党员标准,实行分级积分管理,严格党内组织生活,管住党员日常言行,并设置各种服务平台,使普通党员经常在群众面前晒晒分、亮亮相,在践行村规民约、推动发展、促进和谐、服务群众等方面发挥模范带头作用。

"'喊破嗓子,不如做出样子',村里坚持凡是要求党员、群众做到的,班子成员首先做到。比如说,村里修路修渠,村干部始终坚守在一线;外出跑项目、筹措资金不向村集体报一分差旅费、招待费,党员真正从自身做起,群众才愿意相信你,跟着你。"光华村党总支书记任保贵如是说。此外,光华村定期召开"三会一课",深入开展"干部入户走访"和"党员固定学习日"活动。把"两学一做"和"讲重作"学习教育制度化常态化,认真落实党员积分制管理、民主评议党员、党员星级评定工作,既严把党员"入口关",又做好农村党员的"传帮带"和"双培双带"先锋工程,党员干部素质得到明显提升。

2. 村规民约创建文明新风

光华村在"枫桥经验"指导下,结合本村实际,认真编制了村精神文明建设五年规划,充分整合团支部、妇代会等组织力量,成立"乡风文明工作小组""乡贤理事会""红白理事会""道德评议会"等,具体负责文明新风培育工作,实现了光华村文明新风建设规范化、制度化、经常化。

光华村积极开展践行村规民约、传承良好家风家训活动,利用道德讲堂等阵地,用榜样的力量提升全村群众的精气神。以"村史馆"为阵地,对村民进行传统文化教育。建设志愿者广场,设立志愿者服务站,建立100余人的志愿者队伍,常年开展志愿服务活动。组建文明劝导队,对邻里之间、家庭成员之间的纠纷以及环境卫生、交通文明开展经常性劝导。此外,光华村积极开展"美德少年""文明家庭"等评比活动,引导村民积极为身边好人好事点赞,号召全村村民向先进学习,推进孝老爱亲、团结邻里的良好社会风气,传递正能量,受到了广大村民的积极拥护。此外,光华村还通过发挥"身边人"的带头作用,用乡贤文化涵育文明乡

风,推动移风易俗。光华村由退休教师、退休干部和热心公益事业的村民组成的光华村乡贤理事会正发挥着不可替代的作用,13位成员被分成文明创建组和文艺宣传组,以居民乐于接受的方式参与协助村两委会解决村民工作生活中遇到的小矛盾、小问题,并利用演出、报刊、宣传墙画等形式弘扬正气,推进移风易俗。

滁州市光华村通过强化宣传、表彰典型,发挥示范引领,使得村规民约深入人心,不仅推进了该地乡风文明建设,更成为"村强、民富、景美、人和"的文明乡村样板,为其他地区乡村治理提供了宝贵的经验。

▶ 第七节 金寨县双河镇的"新时代文明实践"

一 金寨县双河镇概况

双河镇位于金寨县西北部,因境内的九房河与黄龙河交汇而得名。全镇面积112平方千米,辖11个村(街)。金寨县双河镇在充分学习浙江诸暨枫桥镇依靠群众,发动群众,解决基层问题的基础上,因地制宜、整合资源,开展富有当地特色的新时代文明实践,持续推动基层乡村治理工作,为民办实事、解难题。双河镇先后被中共安徽省委授予安徽省先进基层党组织、"第五届安徽省文明村镇"称号。

二 双河镇"新时代文明实践"

1. 双河镇新时代文明实践志愿服务队

双河镇在新时代"枫桥经验"的指引下,结合当地特色打造志愿服务品牌,成立了双河镇新时代文明实践志愿服务支队,下设9个专业志愿服务队。11个行政村同时成立新时代文明实践领导组及志愿服务分队,组建由镇村干部、专业技术能手等组成的专业志愿服务队伍。双河镇新时代文明实践所联合各村(街)新时代文明实践站,以"接地气""重实效"为目标,在基层收集民意,发现问题,解决问题,实现群众点单、分级派单、志愿组织接单、社会评单"四单"模式,架起了政府与群众间的"连心桥",形成了全民齐力参与乡村社会治理的良好氛围。

(1)双河镇新时代文明实践站

"群众在哪里,我们的志愿者就在哪里,文明实践就延伸到哪里"是双河镇新时代文明实践站(所)建设的目标追求。双河镇学习新时代"枫桥经验",充分因地制宜,整合资源,紧紧围绕群众的所思所盼所想组建了"6+X"志愿服务分队,包含理论政策宣讲分队、卫生环保分队、文化文艺分队、扶贫帮困分队、移风易俗分队、医疗健身分队等,广泛依托队长、成员与志愿者开展志愿服务活动。如大畈村地处偏远,试点"速动"项目,为老弱群体提供专车送医服务;街道学校集中,启动"护学守平安"项目;独居老人缺少关爱和照料,启动"情暖夕阳红"项目。

双河镇依托镇党史学习教育宣讲团,大力发展新时代文明实践站建设,广泛开展流动宣讲,深入村组、农户、企业、个体工商户等群体广泛收集意见建议,集中梳理群众反映强烈的问题并努力解决;由镇新时代文明实践志愿服务队及村级优秀党员,聚焦当前重点工作及群众关切,定期开展志愿服务活动,为群众办一批"微实事",截至目前已开展志愿服务活动86场;建立"镇驻村+村包组+组联户"三级包保队伍,由驻村镇干通过驻村接待、入户走访,加强与群众日常联系,收集群众亟待解决的问题,从源头上保障为民办实事落细落实,推进志愿服务制度化、常态化。此外,双河镇利用现代大数据技术,打造群众参与乡村治理平台,辖区群众通过"金寨新时代"APP"群众点单"平台进行点单,直接留下"活

动建议",诉求志愿服务,各村(街)新时代文明实践站将于3~5个工作日进行"一对一"反馈并开展相关活动,实现了农民群众切实参与村内事务管理工作,真正打通了密切联系群众、关心群众、服务群众的"最后一公里"。

(2)"八九点钟的太阳"与"五老"志愿服务分队

双河镇秉承爱老敬老孝老的原则,充分结合新时代文明实践活动,创新文明实践+养老服务,打造"五老"服务,发展双河镇特色志愿服务项目"八九点钟的太阳"。

"八九点钟的太阳"活动每月开展一次,每次服务10余位群众,与服务对象开展心与心的交流,为服务对象开展个人卫生保洁、家政服务与健康保健,以及开展政策宣传等各项志愿服务活动。每月开展活动时,志愿者携带调查问卷,并进行发放,收集群众对于"八九点钟的太阳"志愿服务的意见建议,由工作人员汇总,进行后期研究,统一解决并给予答复,致力于全面提升服务水平,让群众切切实实地感受到党和政府的关怀。"八九点钟的太阳"作为双河镇特色志愿服务项目之一,自2020年7月开展至今,已服务老年群体500余人,志愿服务时长达2 343个小时,参与志愿者人数达279人,充分发挥了双河镇青年志愿服务分队的作用,展现了双河镇志愿服务队新面貌、新担当、新作为,实实在在地为民办实事,践行了为民服务初心,充分提高了该镇群众享受志愿服务活动的满意度与获得感。

双河镇依靠老党员、老干部、老军人、老教师、老模范"五老人员",成立"五老"志愿服务分队,依靠"五老"的智慧开展走访慰问,充分发挥"五老"余热。在双河镇开展"双河故事听我讲"系列活动,通过"五老"的生动讲述向孩子们讲解双河故事、双河历史名人的事迹,加强未成年人的思想道德建设,发挥榜样引领作用。其次,双河镇依托"五老"志愿服务分队开展村民议事、纠纷调解、移风易俗宣传、振风超市评比等工作,"五老"义务担当社会监督员、村民服务员、政策宣传员、纠纷调解员等。双河镇通过"五老"去解决基层问题,为有需要的群体提供最直接的帮助,以点带面,让基层工作更有说服力,更具客观性,从而推动乡村治理工作更深入有效地开展。

2. 坚持党建引领

为深入实践新时代"枫桥经验",双河镇以党建为引领,细化责任,夯实基层党组织建设,充分发挥基层党组织战斗堡垒作用,打造具有"凝聚力、团结力、向心力"的基层党组织,切实发挥人民群众在乡村治理中的主体作用,有效提高了村级治理水平。

双河镇各村坚持网格和组织构架同步设置,在"三级网格"中,明确村党支部书记为推进落实基层党建网格化管理的主要负责人,统筹管理村级党建各项事务,按照实际情况,将有能力履职的党员编入网格,确保纵向到底横向到边,及时掌握辖区内民情民意、各类动态情况,遇到问题能及时处理。双河镇以基层组织为基础,培养储备一批优秀干部、吸引集聚一批优秀人才为出发点,注重从退役军人、返乡创业人员中推选村党组织书记,选派懂农业、爱农村、爱农民的干部到村任驻村干部,参与村级事务管理;强化农村基层党组织书记管理,深入开展培训(见图4-5),增强素质、提升能力。多方面发现人才、多渠道引进人才、多层次培育人才,不断为乡村治理注入新鲜血液。

此外,双河镇充分立足于本地产业优势,依托"党支部+合作社+农户"的产业发展模式,充分发挥党支部的组织优势,将合作社的技术、信息、市场等进行统筹整合,大力推动生姜、蚕桑等产业的发展,带动当地产业经济发展,促进农户增收致富,有效助力乡村振兴。

图4-5　双河镇党建办组织村农组员业务培训会

3. 坚持"四早"基层矛盾治理模式

为及时有效化解基层矛盾纠纷,维护乡村治理秩序,双河镇坚持早预防、早发现、早介入、早化解,持续推动基层矛盾治理工作。

(1)早预防

双河镇结合各类政策宣讲活动,抽取部分干部与文明活动志愿者联合开展进村入户走访,深入百姓家中,了解群众真实想法,倾听群众愿望和诉求,及时解决群众在生产生活中的实际困难。除此之外,双河镇强化法制宣传,充分利用双河镇各村村组微信群、"村村响"广播、"大美双河"微信公众号等宣传载体,紧抓群众喜闻乐见的"三农"动态及迫切关注的社会热点、难点问题,广泛宣传与百姓生产生活息息相关的法律法规知识,引导群众依法表达利益诉求,增强基层矛盾纠纷解决的能力。

(2)早发现

双河镇综治办制定矛盾排查制度。坚持定期排查,并将排查结果登记造册,形成工作台账,并夯实责任,跟踪督办,从源头上预防和减少矛盾纠纷;同时在重大节日、重大活动、敏感时段前夕以及重大项目推进过程中,组织集中排查或专项排查可能影响社会稳定的矛盾隐患,要求各村(街)一旦发现重大矛盾隐患,第一时间报告给党委、政府,切实做到将一切隐患消除在萌芽状态。

(3)早介入

双河镇为及时有效地调处矛盾纠纷,建立了一套基层调解机制。该机制由政法委员牵头,依托综治办建立人民调解中心,由司法、公安、国土、林业、农技、民政、人社等各单位为成员单位,聘请了1名镇级法律顾问和11名村级法律顾问。对辖区发生的群众矛盾纠纷事件,根据事件等级不同,分级启动工作预案。群众矛盾纠纷不能在村里解决时,由驻村镇干、综治办、司法所、法律顾问和村"两委"联合调处,成功调解后签订调解协议。

专业领域的纠纷由相关业务单位参与,如宅基地、林地纠纷分别增加国土所、林业站人员参与调解。这种联动调解机制让群众有地方说理,让纠纷有合法解决途径,形成了治理联动效益,从源头上有效减少了治安隐患和群众上访,有力助推了乡村法治建设,提升了社会文明和谐程度。

(4)早化解

随着经济社会发展,农村矛盾纠纷呈现出多样化,如不能妥善解决,可能会逐步演化成治安事件,甚至酿成刑事案件,严重影响农村社会治安稳定和正常的生产生活秩序。双河镇坚持以化解为解决基层矛盾治理终极目标,对诉求合理的依法按政策解决到位,对诉求不合理的教育疏导到位,对寻衅取闹的依法打击到位,对确有困难的帮扶救助到位,努力实现"小事不出村、大事不出镇"。对重大疑难矛盾纠纷深入细致地做好问题处理、思想疏导和教育稳控工作,力求做到"基层矛盾解决在基层"。

4. 加强乡风文明建设

乡村治理,"德"字为首要,双河镇多措并举加强德治建设,大力发扬优秀乡风文明,为美丽乡村建设打下了坚实基础。

双河镇充分发挥"一约四会"作用(见图4-6),根据乡情民意,完善改进红白理事会成员、制度、管理方式等,在收礼规格、办事规模、亲友范围等各方面做出了具体规定。此外,双河镇各村依托"振风超市"(见图4-7),每月开展"6+X"文明乡风评比活动,通过村民议事会对不赡养父母、不践行移风易俗、红白事铺张浪费等不良行为与主动融入村集体建设、积极改善村容村貌等文明行为进行纠正与褒奖,上"红黑榜",进行为期一个月的公示,对黑榜人员的行为进行跟踪改正,推动全民文明素质不断提高。2021年1~5月,该镇共评出红榜1 535户,黑榜31户,教育转化

图4-6　双河镇"一约四会"

图4-7　双河镇"振风超市"评比研讨会

31人次,共发放振风超市积分达128 440分,切实加大了正面激励和负面曝光力度。

双河镇制定了《双河镇2021年进一步推进移风易俗提升乡风文明的工作方案》《双河镇持续深化精神文明教育 大力倡导文明健康绿色环保生活方式的工作方案》等文件,建立健全全员参与、全单位配合的工作机制,将移风易俗的推动过程与取得成果纳入农村基层组织建设与乡村振兴的工作中,列入村级精神文明建设的考评中,充分调动镇村干部、群众的参与热情。双河镇充分吸收民情民意,修改完善村规民约,确保村规民约能够得到全村群众的认可。将"移风易俗、喜事新办、孝老敬亲、基层治理"等内容写进村规民约,做到办事前备案、办事中监管、办事后核实三套流程,实现办事有标准、流程有规范。此外,双河镇积极推动乡村文明新风建设,切实发挥人民群众在乡村治理中的主体作用。全面开展"好婆媳"、文明户等评比活动(图4-8),选树先进典型,在全镇范围内广泛宣传,让广大群众学习跟随。强化党员干部的带头作用,发挥村民自治组织监管作用,积极培育社会文明新风,确保乡风文明治理高质量、高效率完成。

图4-8 双河镇大畈村2020年度文明家庭表彰大会

双河镇依托新时代文明实践志愿服务队实现了农民群众切实参与村内事务管理工作,真正打通了密切联系群众、关心群众、服务群众的

"最后一公里";始终坚持以党建为引领,细化责任,夯实了基层党组织建设,充分发挥基层党组织战斗堡垒作用,打造具有"凝聚力、团结力、向心力"的基层党组织;坚持"四早"深入推动基层矛盾治理工作,为及时有效化解基层矛盾纠纷,维护乡村治理秩序提供了调解联动机制;多措并举加强德治建设,大力发扬优秀乡风文明,有效促进新时代文明实践工作的开展,为美丽乡村建设打下坚实基础。

第五章　新时代"枫桥经验"的困境与发展

▶ 第一节　"枫桥经验"的治理图景：
健全自治、法治、德治相结合的乡村治理体系

一　"三治结合"乡村治理体系的提出及概念阐述

　　自治、法治、德治相结合的"三治结合"乡村治理体系起源于浙江桐乡基层社会治理实践，是为协调农村公共事务、缓解农村治理矛盾而创立的基层治理模式。进入新时代，作为亿万基层人民群众创新精神的集中体现，这一治理模式由浙江桐乡试点逐渐上升到国家的顶层设计，并于2017年正式写入十九大报告。创新乡村治理体系，需正确认识并处理好自治、法治、德治的关系。习近平总书记指出：自治为基，法治为本，德治为先。在面临乡村社会结构重塑和深刻变革的今天，应统筹各方、协同发力，实现自治、法治、德治三者的深度融合与互构，最终实现乡村善治。坚持自治、法治、德治"三治融合"，是新时代"枫桥经验"的精髓，也是新时代基层社会治理体系和治理能力现代化的发展方向。

1. 完善社会治理的自治基础

　　自治，即基层群众自治，是指在一定居住地的人民群众在基层党组织的领导下，群众自治组织依法进行自我管理、自我教育和自我服务，其

基本内容和核心是"四个民主",即民主选举、民主决策、民主管理、民主监督。"三治融合"的基础是自治,在广大农村地区,自治包括以下三个部分:一是帮助社区(村)修订社区公约、村规民约,夯实基层自治基础。社区公约、村规民约是国家法律法规在基层的延伸和体现,在制订修订社区公约、村规民约过程中严把法律关,助力自治章程、社区公约(村规民约)全面修订,进一步激发自治活力,催化"三治融合"。二是健全落实选举制度,规范选举程序,公开选举过程,严格选举纪律。完善落实民主协商制度,建立健全民主恳谈会、民主听证会、百姓议事会、乡贤参事会等机制,凡是涉及群众切身利益的决策部署都充分听取群众意见。完善落实民主决策参与制度,对涉及社区(村)集体和居(村)民利益的重大事务,积极征询法律顾问的意见建议,按照"五议两公开"程序和民主集中制原则进行决策,实现村事民议、村务民晓、村事民评。完善落实民主管理制度,严格执行自治章程、议事规则等管理制度,完善财务支出审批、建设工程实施、经济合同管理等工作流程。完善落实民主监督制度,制定社区(村)"小微权力清单""监督责任清单",将党务、村务、财务分项目分类别列入监督内容,及时在公开栏或有线电视等进行公开,不断提高民主监督的针对性和实效性。三是建立健全融合推进机制。强化社区村党组织对基层民主法治建设的领导,推动民主法治社区(村)建设与文明村、全面小康示范村等建设相融合。将民主法治社区(村)建设与"两学一做"常态化学习教育相融合,开展党章党规学习,提高广大党员干部遵守党章党规意识。与基层平安建设、乡村振兴战略、美丽乡村建设等中心工作相融合,以建设工作服务中心工作,以服务中心工作来检验建设工作成效。

2. 完善社会治理的法治基础

"法治兴,则国运兴",一个国家的良性发展离不开法治保障;一个地方的法治发展程度在一定意义上也反映出其文明水准和现代化程度。党的十八届四中全会以后,法治的含义包含了科学立法、严格执法、公正司法、全民守法。由此,乡村法治可理解为,在农村弘扬法治精神,各组织团体和个人严格依照法律法规参与乡村建设,严格依法办事,依法维护自身合法权益,使乡村基层政权和公共权力得到切实维护和有效保障。

一是全面加强民主法治社区(村)建设。加强组织机构建设,依法完善规章制度,充分发挥基层民主。建立"公共法律服务窗口、自助法律服务终端机、法治文化场所、人民调解室、社区矫正工作站、法律服务微信群"等基层民主法治阵地,为基层干部群众尊法学法守法用法提供场所;培育一批以社区(村)干部为重点的"法治带头人",挖掘一批具有法律知识背景的党员、居(村)民代表以及居住在社区(村)的法官、检察官、警官、律师等"法律明白人",命名表彰一批"尊法学法守法用法示范户",为建设工作打造一支精良的人才队伍;落实社区(村)法律顾问制度,开展常态化法治文艺表演、法治讲座、法律咨询等法律服务活动。二是完善公共法律服务体系建设。建设高水平公共法律服务体系,为人民群众提供普惠精准高效的法律服务。首先,注重实体平台、网络平台和热线平台"三位一体"协同推进。公共法律服务平台要兼顾集成法律服务项目和提供公共法律服务产品的有机融合,实现各级公共法律服务实体平台全覆盖。同时加快公共法律服务网络平台建设,努力让人民群众获得法律资讯不出社区(村),解决法律问题不出乡,实现"网购式"的法律服务。实现呼叫接入全覆盖、服务无死角、群众零等待。其次,注重城乡均衡、地区均衡和人群均衡"三位一体"协同发展。目前,法律服务业普遍得到一定发展,但地区不均衡、城乡不均衡和人群不均衡问题依然存在。坚持发展"枫桥经验",就是要认真统一公共法律服务均衡化标准,加强法律援助供给配置标准化建设,向基层下沉力量、向基层投放资金、

向基层倾斜政策,不断提升公共法律服务均等化发展水平。再次,注重法律服务产品、服务标准和服务队伍"三位一体"协同建设。制定发布公共法律服务产品指导目录,通过制定巩固操作规范和操作流程,让无形的法律服务能够直观地呈现在服务对象面前,使法律服务看得见、摸得着、可评价。

3.完善社会治理的德治基础

德治,发源于传统儒家文化,现代意义的德治可概括为:以道德规范来约束人们的行为,从而形成社会秩序的治理观念和方式,是一种非正式制度约束。通过社会主义核心价值观的引导和乡村思想文明建设的深入推进,使村民自觉遵守村规民约、重拾优良传统、塑造淳朴民风,从而实现调节乡村社会矛盾、教化乡村群众以及协调乡村社会关系的"软约束"功能。

完善德治基础,培育社会公德、职业道德、家庭美德和个人品德,以道德滋养法治精神,支撑法治文化,筑牢社会和谐稳定的道德地基。强化道德对法治的支撑、滋养作用,发挥法治对社会主义核心价值观的保障和规范作用,提高村基层干部群众法治意识和道德自觉。一是大力弘扬社会主义核心价值观。广泛开展社会主义核心价值观的宣传教育,推进乡风文明,弘扬公序良俗,倡导契约精神,强化规则意识,推进社会主义核心价值观和当代人共同价值观在广大家庭落地生根。二是加强农村文化礼堂建设。充分发挥农村文化礼堂"传承传统文化、弘扬主流价值、普及科学知识、丰富文体活动"的功能作用,丰富文化礼堂法治元素,挖掘当地法治典故、道德故事、法治案例等植入文化礼堂,积极利用文化礼堂组织开展法治讲座、法治咨询、法治文艺巡演、展播法治电影等活动。三是广泛开展村级道德评议、乡风评议活动。发动村民挖掘当地好人好事,突出对不文明现象进行评议,充分挖掘孝文化、廉文化等,通过设立"道德点评台"等形式,以道德评议和社会舆论的力量革除陋习、改进民风。深入开展"好家风"建设,推动千家万户把家风家训"立"起来、"亮"出来、"传"下去,深入开展道德主题活动,不断激发群众的道德自觉,在言传身教中潜移默化地传承家风。

二 "三治结合"乡村治理体系的时代价值

任何一种体制建构和政策制定都有其价值预设,"三治结合"乡村治理体系这一理论的提出,其内在必然蕴含着自己的价值预设和价值旨归。乡村治理能够有效保障乡村人民当家做主。同时,作为乡村振兴战略的关键一环,乡村治理体系的各个方面都能为乡村振兴提供支撑与助力,并在全球治理中贡献中国方案。

1. 有效保证乡村人民当家作主

十九届四中全会指出:要完善群众参与基层社会治理的制度化渠道,推动社会治理和服务重心向基层下移,把更多资源下沉到基层,更好提供精准化、精细化服务。李文丽在《新时代"三治结合"乡村治理体系地理论逻辑与时代价值》文章中指出,从乡村治理的外部建构来看,从"管控"到"管理"再到"三治结合",国家与社会二元分离的状态逐渐被打破,国家治理权力和要素资源逐步下沉到基层,实现了国家与社会的深度融合与互构。在这一过程中,国家治理"授权"以乡村,乡村社会向国家治理"收权"。"一授一收"的逻辑体系体现出乡村人民当家做主的重要价值回归,这一逻辑体系旨在提升农民在基层社会治理中的地位,治理理念由"治民"转为"民治",真正体现出对乡村人民当家做主的政策支持和价值认同。从乡村治理的内生发展来看,"三治结合"乡村治理体系发端于浙江桐乡人民的基层治理实践,是由地方试点逐步推广到全国的光辉典范。这一治理理念从治理主体、治理规范到治理模式无不闪耀着基

层群众的智慧与创新精神,是尊重农民首创精神,真正实现乡村人民当家做主的生动写照。从乡村治理的最终目标来看,这一治理体制的创新回应了新时代乡村人民对于美好生活的向往和追求,立足于农民群众的根本利益,旨在不断提升农民群众的获得感、幸福感和安全感。

2. 为乡村振兴战略提供支撑和助力

乡村振兴战略是在决胜全面建成小康社会、实现两个一百年奋斗目标的历史节点上,党和国家为着力解决经济社会发展突出短板的"三农"问题,推进农村地区供给侧结构性改革做出的一项重要战略规划。党的十九大报告首次提出了产业兴旺、生态宜居、乡风文明、治理有效和生活富裕的乡村振兴战略总要求。这一要求的每一环都离不开乡村的治理有效和乡村治理的理论与实践创新。针对基层治理观念落后、结构涣散、主体单一的实践困境,这套治理体系能够有效实现自治、法治、德治的三者协同,为农村各项工作的实施扫清制度性障碍。另外,现行乡村治理体系结构不同于以往的治理模式,它摒弃了传统基层治理的僵硬和呆板,有效缓解了国家上层建筑实施普遍性与基层社会具体实施特殊性之间的矛盾,使得乡村社会各主体得以广泛参与基层治理,在共同价值理念的指导下以更加多元化的形式实现了治理模式、结构和主体创新。事实证明,这一治理体系是乡村振兴各项工作稳步推进的基础和前提,也是实现乡村治理现代化的根本路径。

3. 彰显国家基层治理现代化的中国方案

新时代,新治理。作为乡村振兴战略的重要支点,自治、法治、德治"三治结合"的乡村治理体系将人民至上理论一以贯之,融合了几千年悠久历史的德治智慧,并在新的时代站位上将依法治国贯穿到依法治村,昭示着新时代乡村治理正在走出一条独具特色的治理道路。这套乡村治理体系遵循党的领导、多方共治的治理逻辑,在共建共治共享的全球治理观指导下秉持自治、法治、德治相结合的乡村治理理路,超越了以往低效僵化的传统治理逻辑,实现了从基层试点实践到理论升华的巨大飞跃,为建设具有中国特色的基层治理体系贡献了新时代智慧和方案。

▶ 第二节　"枫桥经验"应对基层治理的现实困境

一　村规民约建设进程中存在的问题

自 1987 年《村民委员会组织法(试行)》颁布实施以来,保留着我国乡治传统特色的村规民约重新获得了生命,并迅速在全国扩展开来。村规民约最大的特点之一,就在于它与特定的社区、地域、人群的风俗习惯、文化传统紧密相关。正由于这样一种"地方性"局限,村规民约经常超出国家法律的范围。如何使那些"溢出"部分具备相应的合法性,或使其回归国家法律,成为我们考虑村规民约时必须特别关注的问题。就是说,正确处理国家法律与地方村规民约的关系,成为实施地方自治过程中村规民约体制建构的关键所在。因为村规民约建立在基层社会的土壤之中,有其独特的发展方式和适用逻辑,而国家法律本身固有的局限性注定无法将这些发展逻辑包含在内。直言之,国家法律不可能巨细无遗地体现这些逻辑。国家法律所代表的一般是一套农民所不熟悉的逻辑,很多情况下与村民生活逻辑有一定距离。村规民约是村民自治组织依据国家法律法规,结合本村实际,为维护本村社会秩序和道德风俗而制定的一整套约束村民行为的自治规范。从自治法理上讲,自治规范的主旨应该是在法治框架下,极大增进村民福祉。但如果自治规范中包含侵犯村民合法权益的条款,即使被表决通过,在法律上也应当是自始无效

的。这就要求我们非常审慎地看待村规民约的制定工作,处理好村规民约与国家法律的关系。

1. 村规民约形式化倾向

当前,很大一部分村规民约基本上是一纸空文,缺乏实质性化解基层矛盾,保护村民合法权益的条款。村规民约制定程序存在瑕疵,多数村规民约由村党支部、村委会少数几个人制定,村民参与程度低,认同率不高,形式化倾向过于严重,大多数村规民约成为应付村民自治工作检查的摆设。尽管贴在墙上的村规民约各村均有,但是教条主义式样的村规民约几乎很难内化为村民的意识和行为准则。此外,乡镇人民政府在这一领域缺乏统一指导和规范,也缺乏应有的重视。

2. 部分村规民约的内容与法治精神相违背

农村社会具有一定的封闭性,个人利益、集体利益、国家利益相互交叉,部分村规民约的内容与法治国家建设理念冲突明显。第一,村规民约中最为凸显的问题是妇女权益的保障问题。一方面,村庄精英中妇女过少,导致妇女在涉及自身利益的相关意见表达方面处于失声状态,或者表现出忍气吞声的状态。另一方面,政府在彻底贯彻妇女权益保护方面缺乏足够的意识和决心,一般习惯性认为涉及村庄妇女权益保护的问题属于村民自治范畴而不予以干涉。同样,基层人民法院也以此为由,将相关案件列入不予受理的范围之中。这种体制性的问题,导致妇女权益保护难以贯彻,其结果是直接将此类问题推到信访渠道,从而导致更大的公共资源浪费。第二,不成文的村"老规矩""潜规则"盛行。1998年修订的《村民委员会组织法》第20条以基本法律的形式规定"村民会议可以制定和修改村民自治章程、村规民约,并报乡、民族乡、镇的人民政府备案",由此奠定了村规民约建设的法律基础。但实际操作中,几乎大多数乡镇人民政府没有建立村规民约备案审查机制,导致村规民约的合法性审查环节严重缺失。那些几乎被干部群众都习惯的老规矩、潜规则成为人们心目中的"习惯法",实际主导着村民资格认定和利益分配等村庄管理中的关键问题。由上可见,规则的制定也许是通过合法程序的,但有些内容明显背离了相关法律法规精神,属于不合法规则,类似于用"多数人的暴政"剥夺少数人的合法权益。因此,不能因为村规民约的地域性和相对独立性而忽视其本身的合法性与合理性建设。

3. 关于村规民约内容简约模糊的问题

考察当前枫桥等地的村规民约文本,我们可以发现,多数村规民约的内容过于简单模糊,各种临时性办法、细则与总纲之间不能协调匹配。同时,部分村规民约的内容显示出较大的滞后性,未能跟上国家总体法治建设的步伐。此外,前些年由于行政村合并后,部分大村包含多个自然村,在实际村庄建设过程中,出现了"大村难以领导小村,小村不关心大村,小村之间互不关心"的局面。大村统筹全村建设发展的能力在下降,小村自我建设的水平低下。另外,几乎所有的村规民约都没有配套的执行机制,这也是一个规则体系中的显著缺陷。

（二）社会治理成本问题

1. 行政主体条块化带来信息交流障碍

我国的政府系统是条块结合的管理系统。"条"即指纵向自上而下的部门管理系统,"块"即指横向不同政府部门之间以及同一层级不同政府之间的管理系统。在条块结合的管理系统中,同一政府部门内部信息沟通交流较多,而不同部门之间信息沟通交流甚少,数据更是难以共享。在科层制的制度体系中,"等级化的权力体系不仅会阻碍信息的共享和行动的联结,甚至会导致上下之间的信息扭曲和沟通脱节"。各个政府部门一般都会各自为政,难以主动将自己部门的数据进行共享,或者说,

每一个部门都想共享其他部门数据,而不愿意让其他部门共享自己的数据。这就会导致政府形成不了一个系统的信息交流体系,使基层政府在与人民的联通中出现断层。广大基层尤其是农村,由于经济基础相对比较薄弱,相关网络基础设施不完善,农民的整体文化水平较低,信息沟通的方式和渠道比较传统,基层工作人员很难识别人民群众的真实需求。这也会使得"枫桥经验"在基层治理方面的优势大打折扣。

2. 超负荷的社会治理成本

过去很长时间里,学者和官方都忽略了社会治理在成本效率方面的问题,使得"枫桥经验"很多时候是在负担着较高治理成本运行。当然这也不仅仅是一个地方治理经验存在的问题,从全国范围内来看,是一个比较普遍的问题。由于前几年基层政府尚没有理清政府与村居的责任边界,没有重塑基层自治能力,也没有培育好大量社会组织的情况下,基层多以党委政府包揽、行政式推动为主,导致了"政府终日处于应急状态,不断扩充人手,还要'五加二白加黑'地加班加点"。这也导致了基层治理实践中存在大量治理过度的现象,从而使得基层治理负担过重,治理成本偏高和资源浪费的现象大量存在。这也会导致人民群众对政府满意度降低,出现群众抱怨政府、产生坐等思想等情况。这些都会使基层治理成本大量增加。在当今这个信息化时代,我国基层政府存在信息数据整合度低、分散杂乱,各级政府、各部门不能有效利用其数据资源,跨部门、跨区域由于信息链的冗长,上下级信息传递延长,延误了决策的及时制定,必然也增加了治理成本。治理成本的增加并不是"枫桥经验"的初衷,治理成本问题的解决也是"枫桥经验"在新时代必然要面对的一个挑战。

三 乡村治理的创新困境:大数据风险

党的十九届四中全会明确提出,要强化社会治理体系中科技支撑的地位,促进社会治理的信息化、精准化和专业化。新型数字基础设施建设是推动基层创新治理数字化转型的重要条件基础,也是"枫桥经验"在新时代创新发展的重大机遇。然而,由于我国基层社会,尤其是乡村社会,数字化等互联网技术发展程度比较落后,基础设施建设不足,基层数字化专业人才缺口大等问题,"枫桥经验"在数字化时代的发展仍面临巨大挑战。

1. 基层干部大数据观念与意识缺乏

近年来,我国尽管非常重视大数据的发展,也出台了相关规划纲要,大数据的应用从早期的在商业领域的应用慢慢向治理领域发展,但是基层干部和民众仍普遍缺乏"大数据"思维,之所以会出现这样的情况,很重要的原因在于我国传统的科层制的管理方式带来了随意性和经验式的治理。在基层也缺乏能够运用大数据分析技能的人才,这就导致了"大数据"没有在乡村治理领域发挥应有的作用,使得"大数据"的便捷性、交互性和即时性的特点并没有表现出来。在治理中出现的问题和矛盾,传统的治理思维注重就问题找到原因而有针对性地提出对策,对问题本身缺乏全面系统的分析。大数据追求相关性,追求各种表面上看似不相关的数据背后的规律性,可以有效减少农村一系列矛盾的发生。大数据不是样本数据,它是一种全面而系统的数据,也有人称大数据为全面数据。在乡村治理中,如果不改变传统的数据思维,将极大地束缚乡村治理的创新扩散。

2. 基层政府大数据分析和应用能力不足

大数据技术是基于足够量的数据,以计算机技术为依托,做出一定

的判断与预测,能够做出较为全局性的分析和参考。基层政府传统的人力配置体系和人才结构,使专门的数据管理人才难以被使用,数据人才的缺乏直接导致了基层政府所掌握的大量的数据资源成了一种摆设。数据资源不能得到及时有效的分析研判,一些非结构性数据的标准化处理、自动化识别、快速化分析就更加无从谈起了,这使大数据在乡村治理场域的应用效应大大降低。此外,大数据管理能力不足。我国大数据虽然有了突飞猛进的发展,但是也面临着数据归谁所有,由谁保护,共享的标准是什么等问题,因为相关法律和制度跟不上,直接影响和制约了大数据的规范化的管理和进一步发展。

3. 基层政府数据开放不足,影响农村社会力量的参与

真正实现大数据嵌入乡村治理的途径和方法是改变过去各自为政、条块分割的单向治理模式。农村各市场主体和社会组织一头连着政府、一头连着农民,它们是政府和农民之间有效沟通的桥梁。因此,对它们实行信息共享,进行技术武装,是大数据条件下不可或缺的重要手段。只是基层政府数据开放不足,各市场主体和社会组织也只能在有限数据提供的信息里发挥局限的功能,无法发挥出它们应有的连接政府和农民的桥梁作用。可见,大数据技术对基层政府的数据开放提出了新的要求。

4. 信息安全挑战

大数据的发展给乡村治理主体在信息共享的过程中带来了信息安全的挑战。信息共享必定要进行信息传输,信息传输依赖于数据收集、分析与存储,这就使信息泄露有了可能。"在大数据时代,不管是告知与许可、模糊化还是匿名化,这三大隐私保护策略都失效了。"随着大数据的深入发展,基层政府积累了大量涉农数据,如通过大数据平台积累的农村社会保障信息、农村合作医疗保障系统等多种数据、基层人口流动

数据等,因为一些掌握信息的部门在内部管理上存在漏洞,以至于使数据有了泄露的风险。有的地区为了整合这些众多的涉农数据,对这些数据进行集中统筹与管理,只是这样的做法也让专门的数据技术管理人员有了接触更多信息的可能,增加了信息泄露的风险。乡村治理的过程也是共享各种大数据信息的过程,而在共享的过程中涉及多个利益主体,不解决权益分配和数据保护问题,就难以实现数据共享,如何充分地保证这些治理主体的利益就尤为重要。大数据时代的治理转型与发展,既要在各治理主体间共享数据和信息,也要做到信息安全,把治理风险调控在一定的范围内,避免因信息泄露而给乡村治理主体带来利益伤害。

▶ 第三节　新时代"枫桥经验"创新发展的路径

一 在传承和发展"枫桥经验"中进一步完善村规民约

"枫桥经验"的核心要义在于发动和依靠群众,将矛盾纠纷化解在基层,化解在萌芽状态,实现"矛盾不上交"。村民自治中的民主管理,就是发动和依靠村民,通过制定村规民约等规章制度,规范和约束村民的权利和义务。"枫桥经验"在一定意义上指引着村民自治更加依靠群众,而村民自治则是"枫桥经验"发展创新的重要内涵,村规民约则成为村民自治发展"枫桥经验"的重要载体。农村是我国社会治理的重点、难点,也是法治建设的薄弱点,建设现代化的新农村除具备良好的基础设施之外,必须要有良好的软环境予以配套发展。村民自治章程、村规民约作为农村社会运行的主要规则,其质量高低、执行好坏直接关系到农村法治建设的水平。

以宪法为基准,提升村规民约规范化水平。村规民约是村民自治的重要体现,宪法和法律赋予了村规民约一定的法律效力。村民自治章程、村规民约的内容必须与国家现行的法律法规和党的方针政策相符合,比如不能违反计划生育和国土保护等基本国策。在村规民约的实施过程中,必须严格遵守国家的相关法律法规,不能逾越法律边界。比如涉及剥夺人身自由、罚款的,必须及时废除,采用民法中相关损害赔偿的规则进行替代。

恪守民主程序,严格按法定程序修订村规民约。村民自治的过程就是按照法律程序进行民主治村的过程。村规民约是村民自治的具体体现,村规民约的制定过程,是村民自治组织通过村民代表大会,协商并确定规则的过程。基层社会的一些治理规范,由于缺乏程序性的操作规则,致使宪法和法律所赋予公民的实体权利,缺乏实现权利的程序和规则,导致法律权利被虚置。在完善村规民约的过程中,必须明确村民的各项权利义务,设定村民实现权利的各项程序和途径,通过制定具有针对性和适应性的具体程序性规则,为村民权利的实现提供保障。加强村规民约保障机制建设,提升村规民约权威性。村规民约的实施关键在于有良好的保障机制。从当前村规民约实施乏力的现实情况看,村规民约的实施缺乏行政保障和司法保障。尽管村规民约按照现行法律可以报送乡镇人民政府备案,但此套机制缺乏相应的保障力度。为了提升村规民约的权威性和合法性,必须建立更加科学合理的备案审查制度。如可将《村民委员会组织法》中村规民约"报乡、民族乡、镇人民政府备案",修改为"报县级人民代表大会常务委员会备案"。这种考虑是基于乡镇政府缺乏相应的监督手段和能力,而县级人大常委会则具有合法性的审查权威和能力,通过这种改变可以增强对村规民约事后审查的力度。此外,应当进一步加强对村规民约的司法审查,应当允许村民对依据村规民约等自治规范做出的侵犯其合法权益的具体事项向人民法院提起诉讼。村规民约是直接关系到村民切身利益的制度依据,只有充分关注群众利益,在实体和程序上保障村民权利和义务,才能走向法治化轨道,为中国基层社会实现法治奠定坚实基础。

二 治理过程数据化,提高治理效率

面对新时代社会主要矛盾的转变,人们展现的新变化、新需求以及社会显示出的新问题,"枫桥经验"只有精准掌握时代变化,不断推进治理模式的创新,才能顺应时代变化和社会变迁。数字化技术在新时代对于枫桥经验来说是使其更好发展的重大机遇,我们应抓住这一机遇,把数字化技术更好地融入"枫桥经验"的治理模式中来。

数字化对"枫桥经验"创新发展赋能的核心在于运用大数据理念和思维创新决策机制,建立分析系统,实现数据驱动创新治理。以"枫桥经验"为典型经验的基层治理在数字化时代应将基层社会生活和基层社会治理过程数字化,把人民群众在日常生活中关心的问题、遇到的难题以及政府处理政务时的决策依据、决策反馈全部化作数据,存入政府专门建立的数据库,服务于社会运行和社会治理。大数据、云计算等新一代信息技术为现代国家治理提供强大的科技支撑。构建数字基层治理体系,有利于规范权力运行机制,减轻基层干部负担,减少基层形式主义,让"枫桥经验"核心理念真正落地,进而实现国家治理体系与治理能力现代化。数字化为基层政府决策提供了完善的信息收集渠道,客观的数据,是对实际问题的有力佐证,以大数据分析结果作为决策依据,不仅能提高大数据决策科学性,更让决策精确性得到了一定保证。另外,大数据的预测分析能力,能够帮助基层工作人员对群众的需求和矛盾有预判,尽可能地将矛盾消灭在萌芽状态,同时也可帮助政府工作人员提前

预知其一项决策可能产生的后果,会促使决策者更谨慎地进行决策,并尽量做好事前预防和事后预案,将决策可能造成的损害降到最低。"枫桥经验"数字化也要求加强基层部门间数据信息的融合,实现信息共享,形成一张便民信息网,消除信息孤岛,避免部门间信息分割造成的资源浪费。只有有效融合部门间数据信息,加强部门间数据开放共享,才能提高基层社会治理效率,才能将"枫桥经验"的群众路线优势更好地发挥出来。

"枫桥经验"的数字化发展应在基层建立完善的数字化基础设施,搭建数字化群众自治平台,构建全覆盖式信息网以及数据收集、分析一体化系统,进一步推动数据资源汇聚和开放。同时,由于信息技术的发展,数据安全、数据储存、数据挖掘等问题也逐渐进入人们的视线中。我们在运用数字化技术的同时应加大对数字化技术的创新,提高数字治理的便捷性、安全性和数字技术的成熟度,这样才会有更多的基层民众放心地参与到基层治理的过程中,才能更好地发展"枫桥经验"。

三 加强顶层设计,夯实制度基础

基层治理包括城市的社区治理和乡村的村落治理,这些都是我国社会治理的最基层,面对着我们最普通的人民大众。同时,基层治理面对的对其管理的政府机构也比较多,包括农业、教育、社会保障、生态环境的部门,每个部门都有自己特定的管辖范围。如果没有顶层设计,各个部门只专注于自己管辖的范围,部门之间不进行信息交流、沟通,很容易形成信息孤岛,就很难使数字化治理发挥其应有的作用,也不能达到克服"枫桥经验"在数字化时代所面临的发展困境。因此,要加大对数字化治理的顶层设计,以系统思维的理念设计纵向与横向的数据治理架构,从顶层设计层面推动数据流程、业务流程、数据信息的融合构建,调整既有数据管理的"条块关系"与权力格局。实现基层不同管理部门之间数据资源的整合,挖掘大数据中蕴含的信息和知识,充分彰显数字化治理的精准性和预测性特质,凸显基层数字治理的协同性和精准性。在此基础上,还应该建立健全数字化治理的相关法律体系,从体制上保障数据安全等问题,对基层数字治理形成一个规范的流程体系。最后,建立数字治理的效能评价系统,使群众能够及时对政府工作进行评价,也可以让政府及时了解自己工作中存在的问题,并做出调整。

（四）建立健全数据安全治理体系,保护乡村治理主体利益

大数据时代下的乡村治理是多元共治的合作治理,为维护数据安全,避免信息共享过程中的信息泄露,保护乡村治理主体利益,必须要做到:第一,从法律法规等层面厘清数据所有权。《中华人民共和国数据安全法》于2021年9月1日正式实施,确立数据分级分类管理以及风险评估、检测预警和应急处置等数据安全管理各项基本制度;明确开展数据活动的组织、个人的数据安全保护义务,落实数据安全保护责任;坚持安全与发展并重,锁定支持促进数据安全与发展的措施;建立保障政务数据安全和推动政务数据开放的制度措施。大数据平台的趋势是成为一种公共基础设施,成为经济社会发展不可或缺的重要保障。只是在这个基础设施建设的过程中,基层政府应与各商业互联网巨头一起,成为一个参与者。统筹好基层政府所掌握的各种数据资源,对基层大数据平台、数据处理中心进行合理的布局,数据平台的建设还应集区域地方特色于一体。基于农村地方特色建设的数据平台,要合理衡量数据资产的价值,科学界定数据的所有权,正确认定数据的侵权责任。第二,大力开展乡村法治和资源共享服务平台建设。从政府层面而言,不同层级的政府在大数据的采集和共享过程中面临的风险是不一样的,这就要求在国

家层面建立数据保密与风险分级管理机制。各级政府在信息处理和数据共享中承担的责任不一样,就基层政府而言,主要应集中于为农民普法,为农村事务和矛盾进行调解,为农民提供相关法律服务。基层政府应不断地加强法律智慧平台建设,对数据采集平台进行规范,做到数据采集合理,保密性高。第三,加强数据安全和数据使用规范制度建设。为有效防止农村基层信息员的流动更新而带来的信息泄露,应该明确农村信息员权限。地方政府要制定严格的信息保密制度,要把好入口关,开启实名认证程序,各乡镇还要制定信息员考核办法,对其采集数据予以监控和核查,使信息收集和使用在法律的边界内。在数据使用的过程中应该予以规范,规范的数据使用就是要求各数据使用主体在掌握数据后做好去隐私化处理。在保障数据所有者信息安全的基础上做到信息共享,信息共享既要从立法上规范数据隐私,也要从制度上规范数据使用,才能充分保护乡村治理主体利益。

（五）打造共建共治共享的社会治理格局

党的十九大强调完善党委领导、政府负责、社会协同、公众参与、法治保障的社会治理体制。党的十九届四中全会强调,要完善党委领导、政府负责、民主协商、社会协同、公众参与、法治保障、科技支撑的社会治理体系,建设人人有责、人人尽责、人人享有的社会治理共同体。中央顶层设计不断推动完善共建共治共享的社会治理制度,推动社会治理理念科学化、结构合理化、方式精细化、过程民主化、成果共享化。近年来,浙江在坚持发展新时代"枫桥经验"的过程中,唱响党委政府、市场主体、社会组织的大合唱,形成各方力量积极参与基层治理的强大合力,有力地调动了党委政府、市场主体、基层群众性自治组织、社会组织以及广大人民群众同向发力,画好了基层社会治理同心圆,构建起浙江特色的城乡基层社会治理共同体。新时代"枫桥经验"已经率先打开了共建共治共享的通道,全面开展了社会治理共同体的实践探索,并取得了初步经验。值得关注的是,在此过程中,新时代"枫桥经验"一直坚持"共建共治共享"三位一体式推进,三者各有侧重,又相辅相成,共同构成了新时代社会治理共同体建设的制度框架和实践创新。

共建强调通力合作,共治强调协同治理,共享强调共同享有,突出点在"共",落脚点也在"共",共建共治共享社会治理理念使社会治理具有合作性、多元性、协商性。多元性在于其主体的多元、治理过程的开放、涉及领域的广泛等多个特征,需要社会力量参与协同治理社会。合作性在于社会治理的整个过程需要同社会、公众合作治理。政府与非政府组织之间是相互依赖的关系,因为它们都掌握着某些重要资源。新时代"枫桥经验"在创新发展中形成政治引领、自治有力、德治有效、法治有序、智治支撑的现代化治理结构,实现由传统治理管控向现代民主治理转变,成为践行习近平新时代共建共治共享社会治理思想的光辉典范。共建是建立多元主体协同合作共同推进机制。作为农村工作核心主体的党政组织,应在共建过程中发挥主导作用。应对烦冗多变的农村事务,还要充分调动社会组织和村民的能动性,挖掘人民群众的治理价值,打通乡村治理工作的"最后一公里"。共治是指多元主体共同参与治理过程。在共治理念的指引下,树立民主的视角,以"五治"融合为基石,构筑政府、市场、社会更多主体共同参与的治理格局。创新治理视角,转变基层干部传统管控思维,树立服务意识,贯彻为民服务的根本宗旨。治理过程让人民参与,治理效果由人民评判。共享是指治理成果共同享有,包括权利、各项公共服务平等享有。保证农民切实享受发展成果,能够有效促进多元主体参与到乡村经济建设、社会秩序维护的共建共治过程中,激发乡村治理的内在动力。